ラグ男

ラグ男とは？

サッカー選手のイメージは、おしゃれ。
野球選手のイメージは、ゴールドのネックレスにセカンドバック？　笑
じゃあ、ラグビー選手のイメージは？

走る格闘技、ラグビー。

スクラムにタックル、なぜ痛い思いをしてラグビーをするのだろう。
大きなお世話ながら思ってしまう。

ラグビーには人生の9割をラグビーにかけてしまう男たちがいる。
ラグビーバカという、らしい。
ラグビーにはラグビーファミリーという絆がある、らしい。
ラグビーをやっていると一流企業にはいりやすい、らしい。
ラグビー選手の奥さんは美人が多い、らしい。
ラグビー選手と結婚するならフォワードがいい、らしい。
ラグビー選手のバックスはお茶目な男が多い、らしい。
ラグビー選手はレフリーに文句をつけない、らしい。
ラグビー競技場にはお酒が売っている、らしい。

ラグビーにはまった男たち、略して「ラグ男」とはいったいどんな人たちなのだろう。

ポジションごとの役割や仕事をのぞきながら、ラグ男を検証する——。

フォワードという男たち バックスという男たち

各ポジションの説明に入る前に、大きくわけてフォワードとバックスの違いについて。
ラグビーのバックスとフォワードはサッカーとは逆。
攻撃をするのはバックスである。

フォワードは……
ずっしり、がっしり。いわゆる身体が大きい人たち。
足が太くて、あんまり速くは走れない。

ボールの取り合いをする人たち。

体型や、耳の形でも判断できる。カリフラワー、餃子耳と言うそうだ。

もちろん全員が速ければその分チームが強くなるが、フォワードとバックスは役割が違う。

「ぶつかるのに強い人」。

つっこんで、身体を張る人たち。そしていかに泥臭いプレーができるか、というポジション。

ボールを持つと、すぐに人にぶつかられて、乗っかられて、下敷きになってしまうポジション。

彼らは「みんなでやる」という意識が強い。

皮膚感覚の集まり。声でのコミュニケーションよりもセンサーが感覚で働くような感じ。

相撲とか柔道みたいな何か。フォワードならではの〝声〟があるらしい。

ボール持って独走することはまずない。

ケガもしやすいし、踏まれるし、なのに脚光を浴びることが少ない、損な役回り。

でも損だなんて思っていなくて、誇りをもっている。「俺たちがチームを支えている」という誇り。

自分たちが土台をやれる人。

彼らは思いやりあふれる強い人たち。

バックスは……

身体が大きいというよりも、速くて、身のこなしがうまい人。

隙を見て相手の弱いところを一瞬にして見抜いて動ける。

弱いところを駆け抜ける俊敏さが求められる。「かっこよく見えてしまう」人たち。

いわゆる「かっこつけたがり」も多いかも。

それは魅せるポジションだから。

下敷きになって地道な仕事が隠れてしまうフォワードとは違い、ボールを持って走るから誰かってこともわかるし、顔もよく見える。

ポジションごとに離れているから、距離感がある。

だから「一人ひとりでなにかをする」という意識も強い。自分の前にきた相手は絶対に抜くんだと。

試合の予測能力、試合の流れを、全体を見ながら、動ける人たち。

足が速いこともあるが、ゲームを作れる人がバックス。

負けん気の強い人、また冷静な人も多い。

ざっくり分けるとこんな感じ。ほんとにそうなのか。
さらにポジション別に見てみた。聞いてみた。

ポジション別にみたラグ男

プロップの男たち

大きな身体に大きな心
愛されキャラのお調子者
でも親友はプロップ以外認めない

プロップの位置

2
フッカー
1
プロップ
3
プロップ
4
ロック
5
ロック
6
フランカー
7
フランカー
8
ナンバーエイト
9
スクラムハーフ
10
スタンドオフ
12
センター
13
センター
11
ウイング
14
ウイング
15
フルバック

1
3

見た目

でかい。縦に、というよりかは、むしろ横。いかつい。

しかし力士のような大きさではなく、レスラーを思い浮かべるといいかもしれない。

耳はカリフラワーのように膨れ、いわゆる餃子耳。これは厳しい鍛錬の勲章。試合直後は顔まで腫れ上がっていることもしばしば。

体重は優に100kgを超える者で構成され、「ずんぐりむっくり」。

このポジションだけは、遠く観客席からでも「なんか違う」のがわかる。

仕事

このポジションは2人。フッカー(2番)をはさんで、左プロップ(1番)と右プロップ(3番)。右と左では役割も少しだけ違うが、プロップの主な仕事は、スクラムを組むことと、フッカー(2番)を支えること。

プロップはスクラムからボールをかき出すフッカーのために、スクラムを支えるまさに縁の下の力持ち。

もちろんそのあと、スクラムが終わればすぐに次の展開に備える。スクラムを組んだら終わりではなく、その後もしっかり走る、どっしりと。体重が重くなきゃいけないのに、さらに走れなくちゃいけない。

何とも理不尽なポジションなのがプロップ。

しかし、このプロップ含むフロントロー※が試合中に走れたら、鬼に金棒。そのチームはまちがいなく強い。

スクラム、スクラムとラグビー本を読めば100回以上は出てくるこの単語。

スクラム(scrum)とは一般的に大勢がかたまって、横の者と腕を組んで並ぶこと、らしい。意味が分かると確かにそのまんま。要するに「おしくらまんじゅう※」みたいなことをしている。

小さい時に一回は遊んだことがある、あの遊びを思い出してほしい。

この「スクラム」については何度も出てくると思うので、今は「そんなもんがあるのか」くらいで読み進めていただければ大丈夫。スクラムの出来次第で最初に攻撃できるか、それとも守備になるかが決まる。「今日はスクラムよく押してた」なんていうのは、試合後のお決まりの話。

※おしくらまんじゅう…数人で腕を組み、身体を押し合う遊び。スクラムに似ている。

※フロントロー…プロップの2人とフッカーを入れた前列3人をいう。

実際問題、スクラムの練習を積んでいないプレイヤーがこのポジションについても、おいそれと組めない。タックルなどで鍛えているラガーマンでも、組めない。

職人技が光るポジションなのだ。

なかみ

こんな動きをしているプロップは基本的にスクラム中、観客が顔を見ることはない。

低い姿勢で敵チームと頭を突き合わせているので、彼らの1番の見せ場であるスクラムの内部は見えない。


敵チームとぶつかり、視界にはひたすら芝、もしくは土と楕円のボール。


ラグビーの中でもきついポジションだが、スクラムを組む彼らならではの共通理解があるらしい。

フォワードの人々は、スクラムの組み方を肴に、酒が飲めるらしい。「おつまみはスクラム」。意味が分からない。

それにスクラムの組み方を話しているだけで一晩中でも飲み明かせるという。

そこにはプロップばかり集まってくるらしい。

彼らの話題がそんななので、自然とフロントローが固まっている。つるむ仲間がそこばかりだから、友だちが少ないんじゃないか、なんて言われたりもする。

にしても、こんな大男が密集している様子を想像してみると、想像だけでもすでに酸素が薄まる気がする。

なんとなく、息苦しい……。


ちなみにフォワードはポジション上、プレイヤーが密集している。

スクラムを組むのは基本的に８人。

いつもそばで汗を流している。言葉がなくても伝わってしまうテレパシー……もあるか。


スクラムを組んで、必死に繋いだボールをバックスが落としたりする※。

ボールを前方に落としてしまえば反則となって、スクラムの組み直しとなってしまう。

スクラムはある意味フォワードの見せ場だが、悪く言えばバックスの尻拭いとも言える。

１試合に平均２０～２５回ほどスクラムを組むらしいが、プロップだってスクラムは極力

※…このファールはノックオン。ラグビーで最も多い反則の一つ。スクラムの組み直しとなる。

組みたくない。

どんなに練習を積んでいたって痛いもんは痛い。

何度も痛い思いをするのは、たまったものではない。


プロップにつくプレイヤーは我慢強く、実直な人が多いと聞く。

何かと気が利くところから、引退してからマネージャーになったりする人も多いようだ。

プロップ陣はフォワードの中でもタレント性のあるプレーヤーが際立っているらしい。


実際の選手を目の前にした時の威圧感はすごい。

観客席から見ても違いがわかるくらいなのに、目の前にすれば、何とも「でかい」。

スクラムを組む練習、つまりぶつかる練習をするので腕はどんどん太くなり、鍛えに鍛えて首回りもがっしりしてくる。

こんな体格をした人には日常的にはあまりお目にかかることはないと思うが、ラグビーを知ってしまうと、そんな体型の人を見かける度に「お、プロップか?」なんて思ってしまう。


また、そもそも身長があまり高くない人のつくポジションだから、語弊はあるかもしれないが、「面白い体格」が多いのである。何度も言ってしまうが、ずんぐりむっくりなのだ。

このポジションには、そんな身体を武器（？）にエンターテイメントを得意とする「ひょうきん」な人が多いらしい。

文字通り「ひと肌脱いで」盛り上げてくれる、とよく耳にする。


子どもは無邪気で純粋であるが故にストレートなことを言う。プロップのプレーヤーは幼少期、おそらく「デブ！」と言われたことがあるはずだ。言われた子どもはこんな時、二種類に分かれる。そんな悪口を跳ね返すかのように明るく振る舞うか、もしくはふさぎ込んでしまう。どのような反応を取るにせよ、この頃から人の痛みを身をもって学習する。だからこそプロップは献身的かつサービス精神旺盛な人が多いのかもしれない。

プロップの名前の由来

プロップ(prop= 支柱)。その名前の通りスクラムの柱となる存在。

同じ音のプロップ（＝plop)は人やものがドブンと落ちる、またはドスンッと座る音。

フッカーの男たち

投げて良し、蹴って良し
ひょうひょうとボールを扱う
器用なリーダー

フッカーの位置

1
プロップ
2
フッカー
3
プロップ
4
ロック
5
ロック
6
フランカー
7
フランカー
8
ナンバーエイト
9
スクラムハーフ
10
スタンドオフ
12
センター
13
センター
11
ウイング
14
ウイング
15
フルバック

見た目

基本はプロップと同じ。

首回りもがっしりしていれば肩もがっしり。

しかしプロップと比べれば軽い人が多い。

と言っても見た目にはほとんど変わらないような微細な差。

仕事

スクラムを組んでいる最前列の真ん中。

役割は大きく分けて2つある。

最前列の真ん中でスクラムを組み、その後は、中からボールを足でかき出す。

ラインアウト※の時にボールをフィールドに投げ入れる。

まず、スクラムを組んだ時。右プロップ（3番）と同様に、頭は挟まれているが、プロップよりも重みに耐える仕事は少ない。

フッカーは観客席からでは何をしているのかよくわからないが、実は「攻守のきっかけ」を作っている。

※ラインアウト…ラインの外に出てしまったボールを、攻撃権のあるチーム側の投入でプレイが再開される。両チームのフォワードがサイドラインに対して垂直に向かい合って並ぶ。一人の選手を二人の選手がやぐらを組むように担ぎ上げボールを競い合う。

足でボールを、自陣のナンバーエイト（8番）側へとかき出しているのだ。
ちなみにそのスクラムの中にボールを入れるのはスクラムハーフ（9番）。
ラグビーはポジションによって役割がきっちり決まっている。
またラインアウトした時、グラウンドにボールを投げ入れるのもフッカーである。
この時、自分のチームへの動き方に関する指示を叫んだりしている。スローワー(thrower=投げる人）としてラインアウトからの展開を有利にするのもフッカーの大きな仕事。

スクラムで攻守のきっかけを作り、ラインアウトでは戦略的にボールを投げ入れ、もちろんフィールドでも活躍する。

1列目（フロントロー）の中でとても「器用な人」がこのフッカーなのである。

言ってみればフォワードの中の指令塔なのだ。指令塔はスタンドオフだけではないのだ。

スクラムで試合が展開する時には常に中心にいて、その展開さえもコントロールできる。

手先が器用で、走力、判断力にも優れている。

なかみ

これらの動きをする、いわば何でも出来ちゃうフッカー。

ともかく試合中は器用でなければこのポジションは務まらない。

さっきも話した通り、3つの役割を簡単に説明したが、フィールドでは相手が飛び込んでこれそうな〝穴〟を見つけ次第、その穴を埋める仕事をしている。いろんなところに気が回らないと出来ないポジション。

ラグビーの試合中は行動的にも機動力が求められるので、プロップに比べて器用といわれる。

どちらかというと支えに徹する泥臭いプロップと比べると、フッカーは少し飄々としているかもしれない。

フォワードのまとめ役を担っている、という責任感ももちろんあるだろう。

スクラムからボールをけり出す役目として、また投げ入れるスローワーとして器用さが求められるので手先が器用。

また、手先だけでなく人間関係も器用な人が多いらしい。

だから実は恋愛上手、なんて話も……ある？


ぜひ、実際の試合を観に行く機会があるならば、より近くで見ることをオススメしたい。

敵陣の圧力にも耐えなければならないのに後ろの味方からも押される。

すごくきついポジションなのに、その痛みや苦しみに耐える。

だからこそ同じポジションにいた、となるとそれだけで旧知の仲のごとく仲良くなれる。

また、時間にすると平均して２０秒にも満たないスクラムだが、この間にも様々な駆け引きが起こっている。グラウンドに足を運び、彼らが踏ん張る唸り声を生で聴き、目を凝らして試合を感じてほしい。

フッカーの名前の由来

フッカー（hooker＝ひっかける人）。

スクラムの真ん中で、片足でボールを引っ掛けて自分のほうへ引き寄せることから。

ロックの男たち

ひたむきにただ黙々と仕事を遂げる
身体はもちろん「器」も大きい
スクラムの中の立役者

ロックの位置

1
プロップ
2
フッカー
3
プロップ
4
ロック
5
ロック
6
フランカー
7
フランカー
8
ナンバーエイト
9
スクラムハーフ
10
スタンドオフ
12
センター
13
センター
11
ウイング
14
ウイング
15
フルバック

4
5

見た目

チームの中でも最も身長が高い。大体2m近くあり、そして体重も120kgくらいが当たり前。

フロントローが横にでかいとすれば、ロックは縦。

仕事

プロップ、フッカーの前3人は、見えにくいとはいえ、スクラムを組くんでいる時にまだ客席からも何をしているのかわかる。

しかしこのロック、スクラムを組む人間の中では一番〝地味〟な存在。見えない!?

フロントローの腰に頭をつっこみ、腕をプロップの股に差し入れ、スクラムを固める役割。自動車がぬかるみにはまったとする。足場がしっかりしていないと押し出すための力が入らず自動車は沈んでしまうだろう。この足場を作っているのがロック。ここが力を入れないと自動車、つまりスクラムは押し負けてしまう。

イラストから見てわかるように、中腰立膝が基本姿勢。

ロックの顔の横にはプロップ、フッカーの鍛え抜かれた(?)太もも。その足に腕を絡める。スクラムを組んでいる時、客席から顔は見えない、残念ながら。

しかし、基本の仕事はスクラム中心だが、高い背を活かしてラインアウトしたボールをとるという役割もある。

チアガールが人を持ち上げるシーンを想像してほしい。普通は身体が一番小さく軽い子を一番上に持っていき満面の笑顔を決める。

しかしラグビーでは、ロックは背も高ければ体重も重く、持ち上げられた時、その顔に笑顔が光ることもない。でも闘志みなぎる勇姿が宙を舞う。カッコイイ。

チームによってはプロップやフッカーが台座になり、2人でロック1人を持ち上げることもあれば、1人で持ち上げていることもしばしば。

ボールを持って走り回ることもあまりないが、ボールを持ったら果敢に前をめざす。

なかみ

ロックには4番、5番と2人いる。

この2人の特徴を説明するとしたら「怖い人」と「優しい人」。あくまで極端に言っているが、

「怖い人」と「怖い人」、「優しい人」と「優しい人」の組み合わせはない。

ほんわかとしているか、あるいは無口で寡黙かだ。

「怖い」というのは、無愛想で「ぬぼ～」っとしている感じ。

「優しい」というのは、何も喋らない分、穏やかそうに見える感じ。


「怖いロック」と「優しいロック」。

優しい方はわりと社交的。長身に優しさが加わるので実はモテる。

怖い方は無骨で野武士のようなイメージ。

野武士がわからなければ、一人で店をやってるような昔ながらのラーメン屋の店主を想像するとよいかもしれない。

頑固一徹。そんなロックのスタイルに多くの男のファンはうなる、らしい。

ロックのファンにも好みがあるようだ。


基本の仕事はスクラム。グラウンド上、プレイで目立つことはほとんどない。ボールを持って独走する姿もあまり見られない。地味な仕事をしつつ、ボールを追ってしっかり走らなければならない。

チームの中で最長のポジションであるロック。

ラインアウトではフッカーがボールを投げ入れた時に、飛び上がってボールをとる役目。この時は自分のチームがボールをとれるかどうかの競り合い。一番のロックの見せ場。

ラインアウトからの「仕切り直し」になるセットプレーで「自分がボールをとってやる」という気持ちが強い。スクラムの時と比べると、もしかしたらこっちの方が生き生きしているかもしれない。

背の高さを存分に活かし、自分のチームが優勢になるようにボールを追う。

他のポジションに持ち上げられるのでかなりの高さまで上がる。

自分の身長を活かした上で、さらに高い場所での「空中戦」。

この競り合いでいかに敵チームをだましながらボールをとれるか、というのもロックの醍醐味らしい。

フッカーの投げ入れたボールにタイミングが合わないときは、サインを間違えた?と思うと面白い。

ラインアウトでは相手もディフェンスのジャンプで「壁」を作る。その壁をかいくぐり、バックスへボールをつないで攻撃に移る。この攻めぎあいにロックとしての魅力を感じる選手も多い。

スクラムでは押しているだけのイメージがあるロックだが、空中戦はかなりの見せ場。想像しているよりもはるかに高い位置まで持ち上げられたロックの「高さ」をぜひ、実際の試合で堪能してほしい。

高い身長を活かしてタックルしていく様は「豪快」ととる人もいるだろう。
実際に近代のラグビーではプレーの幅が広がってきたロック。
タックルやキック、といった細かいプレーも求められている。

しかしだからこそ文句を言わず黙々とやれる人じゃないと、このポジションは務まらない。
なので、あまりべらべら喋るロックも珍しいという。静かでマイペース。

スクラムでは痛みに黙々と耐え、ラインアウトではフッカーとのタイミング合わせに集中し、文句も言わずひたすら自分のできることをする。
ただ、文句を言わず黙々と……とは言ったが、自分から話すことの少ない、ロックに喋らせるのは楽しい、と言う監督もいた。

自分からは話さない、スクラムでは徹底的に地味なロック。
空中戦での見せ場はあるが、ロックの専売特許、というわけではない。
高校や大学ではフランカーやナンバーエイトが兼任することもある。

そんなロックに、憧れる人も少なくない。
チームのために身体を張れるポジションで、淡々と縁の下の力持ちを演じる。
ありがたさを一番近くにいるチームメイトは感じていて、ロックの渋さを知っている。
ラグビーのコアなサポーターになるにつれてその渋さに惹かれていくのかもしれない。

ロックの攻撃する姿を岩(rock)に見たてる人も……。
岩が転がるように攻め入る姿をロックンロール、音楽のrockにかけて話していた。

コアなファンはロックの寡黙な姿が最高に rock だと感じるのだろう。……私もよくわからなくなってきた。

ロックの名前の由来

ロック（= lock）の名前の通り、スクラムを「固める」「錠」という意味。よく岩の方（= rock）と勘違いされるようだが、体つきも役割も岩っぽいんだから仕方ない。

フランカーの男たち

地味なポジションなんて言わせない！
魂込めたタックルで試合の流れを作り出す
泥だらけでひたむきな熱いヤツ

フランカーの位置

2
フッカー
1
プロップ
3
プロップ
4
ロック
5
ロック
6
フランカー
7
フランカー
8
ナンバーエイト
9
スクラムハーフ
10
スタンドオフ
12
センター
13
センター
11
ウイング
14
ウイング
15
フルバック

6
7

見た目

タックルが仕事なので、足腰ががっちり。
身長、体重はラグビー選手のなかでは平均的。
俊敏に走れる方がいいので、フォワードというよりもバックスに体型は近い。
タックルする分、顔、身体、どこもかしこも年中傷だらけ。

仕事

メインはタックルで、敵の行く手を阻む。
タックルをした後や、ボールの争奪戦でラック※の下敷きになったり、トライの起点となるサポートプレーが多い。決して派手なポジションではないが、チームの勝利のため、泥臭くひたむきにプレーする。

スクラムでは端っこにいるので、ボールが出るとスクラムから離れてすぐにプレーに参加できる。

※ラック…かつてはルーズスクラムともいわれた。プレー中に一人から複数の選手が相手の選手と身体を密着させて地面のボールを取り合う。

タックルでボールを奪って攻撃する起点にもなれば、仲間が相手にタックルされて捕まった時、すぐにボールを回せるようサポート役にもなる「何でも屋さん」

ラインアウトの時、ロックと同じように持ち上げられることもある。

通常は6番がスクラムの左、7番が右。細かい役割分担もあるが、難しいので省略。

世界ではフェッチャー（Fetcher ＝ボールを獲ってくる人）とも呼ばれている。

なかみ

試合中、一番タックルする回数が多いのでハートが熱い選手が多い。

ガツンガツンいく感じ。がつがつしている?

フォワードだけどバックスに近いかもしれない。

タックル一つで試合の流れを変えられる、そんなところがフランカーの醍醐味。

敵にタックルを仕掛ける回数が多いので「優しい」だけではこのポジションは務まらない。

気が強く、「自分がいなければ攻撃は始まらない」という気持ちを持っている人が多い。

自分から痛いことに向かっていく。もちろん傷だらけ。相手の肘や膝がぶち当たってケガするなんてしょっちゅう。ボクサーの気持ちもちょっと解かるかも。

ボールを持って何かを仕掛ける巧みさや、器用さはそこまで求められていない。役割がはっきりしているので、パスもあまりしないポジション。

パスすると……ミスが多かったりして。(笑)

フランカーがキャプテンを務めるチームも多いようだ。

痛いタックルを率先していくキャプテンがいたら、チームは鼓舞されることも多いだろう。あまりタックルをしないポジションのキャプテンが、試合中「もっとタックルで攻めて行こうぜ」などと声を出しても説得力に欠けるし、逆に「は？　タックル？　痛いほどしてるぜ(怒)」ということにもなりかねない。

職場や学校で人の嫌がることを率先してする人がいたら、その人は悪い人ではないだろう。フランカーはそんなイメージ。このポジションだからこそリーダーシップを発揮しやすいのだろう。そのリーダーシップ、ラグビーではあえて〝キャプテンシー〟という。


フランカーは「奪う」「サポートする」のが役割。あまりパスはしないし、ボールはキャッチすればいい程度の役回りなので目立つミスは少ないらしい。キャプテンにミスが多いと士気が下がってしまう、だからフランカーにキャプテンが多い？　そんなはずはないだろうが……。

フランカーは「なんでも屋さん」何でも卒なくこなすオールラウンダー。

抜き出て足が速いわけではなく、パス回しやボールの扱いが卓越している、というわけではない。ずば抜けた能力ではないからこそ、誰よりも身体を張って全力を尽くす「逃げない人」がいるポジション。

悪く言えば特徴の少ないポジションとも言われる。実は能力の限界を感じた人がコンバートすることもあるポジションらしいが、能力が限界でも心が強ければ再チャレンジができるポジションでもある。

試合が終わった時にユニホームを見てほしい。一番泥だらけになっているのはフランカー。泥臭くて、さえなくて、でも誰よりも「熱い」ヤツ。

世界を見渡してもフランカーとナンバー・エイトには主将が多い。

身体を張ってメッセージを伝えるって意味では男らしさの象徴のようなところもある。

「一番ラグビーを体現しているのはフランカー」とフランカーは豪語する。

ある種、タックル中毒。

タックルしかない、タックルこそがこのポジションの役目と言ってはばからない。

フランカーの名前の由来

フランク（＝flank）とは「わき腹」「側面」「両翼」という意味。

元は軍事用語で、側兵や側面部隊のことをフランカーと言う。この側面部隊を指すのがスクラム。

ちなみにフランク（＝frank）の方は、「率直な」「遠慮のないさま」「気どらないさま」という意味がある。

「タックルしすぎてフラフラフランカー」と言われることも。

ナンバー・エイトの男たち

展開を見極め
「何でもできちゃう」
バランス型のスーパーマン

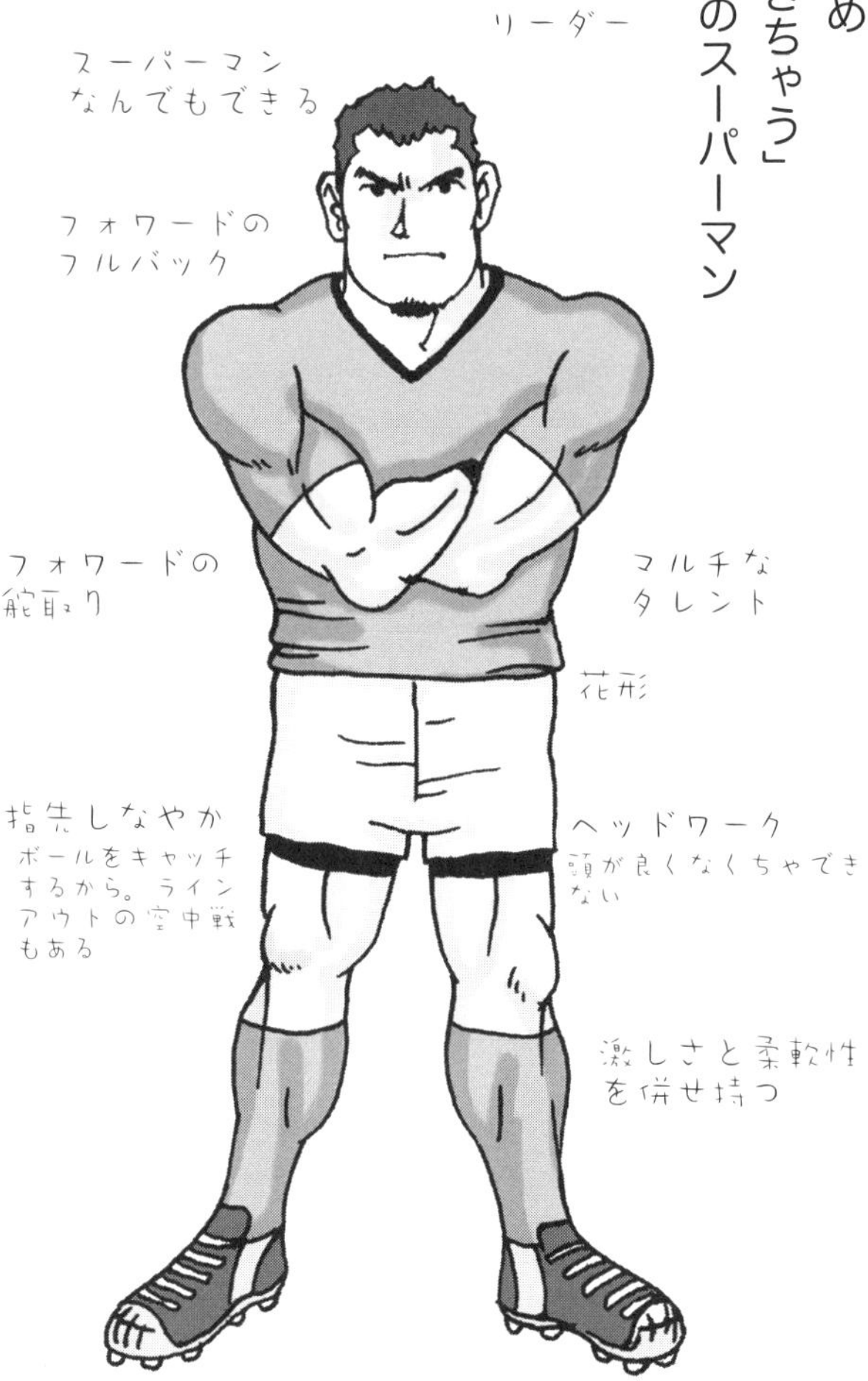

ナンバー・エイトの位置

2
フッカー
1
プロップ
3
プロップ
4
ロック
5
ロック
6
フランカー
7
フランカー
8
ナンバーエイト
9
スクラムハーフ
10
スタンドオフ
12
センター
13
センター
11
ウイング
14
ウイング
15
フルバック

8

見た目

ごつい身体に知性がにじみでる顔立ち。

縦横のラインを見通す鋭い目つき。

眼力が強い。

縦にも横にもすぐ動けるしなやかな筋肉。

仕事

文字通り背番号は8。ポジションの名前がそのままなので一番覚えやすい。

世界では「エイトマン」とも呼ばれている。

スクラムを組んだ時、一番後ろに添えるようにして、位置する。もちろんしっかり押しているが。

フォワードの一番後ろなので、フルバック的（15番）な役割も持っている。視野が広く、全体を見渡し前7人に的確な指示を送れるリーダータイプが揃う。

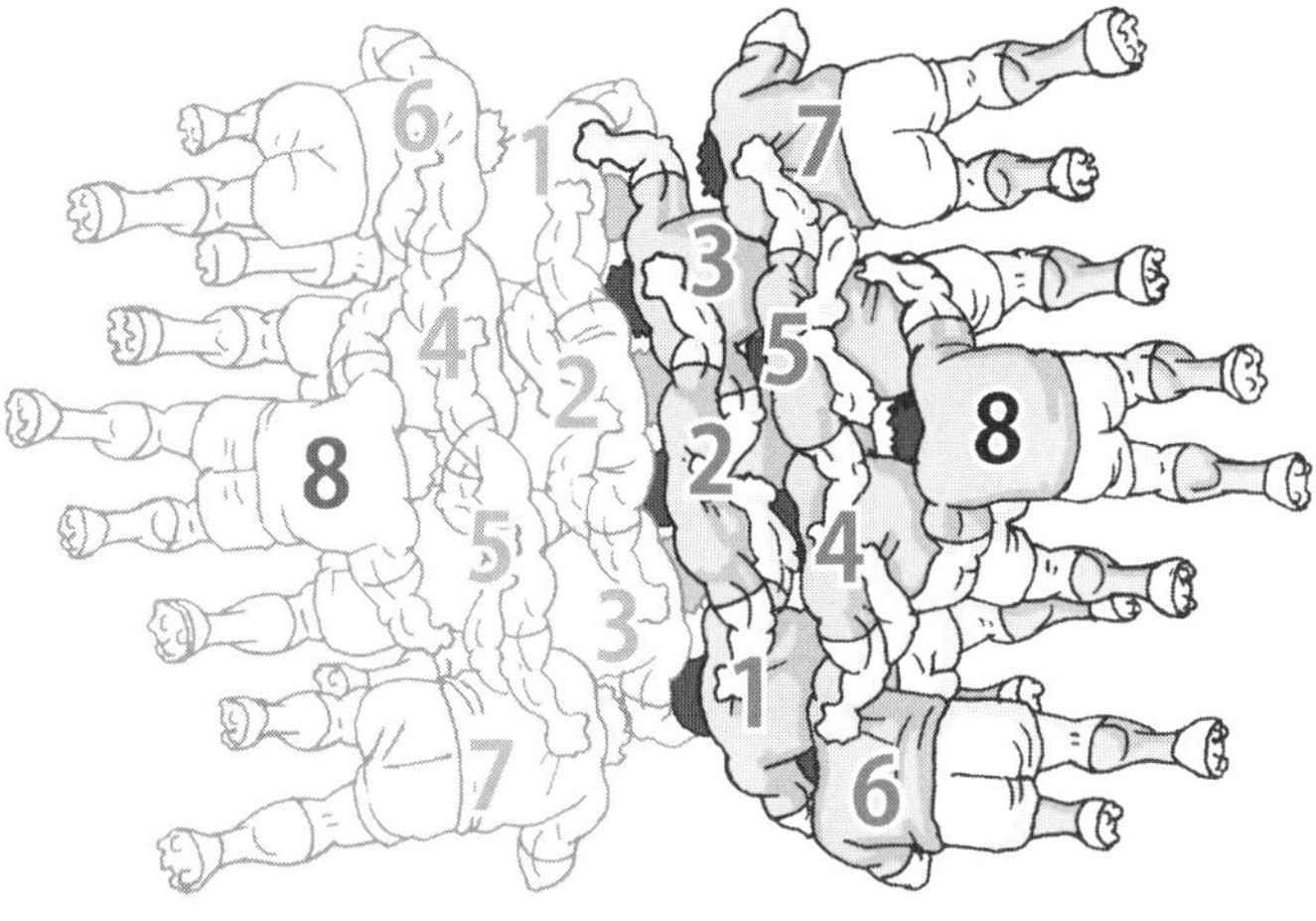

一見するとフランカーと同じく「なんでも屋」のように見えるが、最も総合的な能力を必要とされる「スーパーマン」。あらゆるスキルを持ち、そのどれかが欠けていてもナンバー・エイトにはなれない。
故にラグビーの「花形」とされる。名前は一番平凡なのに。

ナンバー・エイトはフォワードとバックスの繋ぎ役。
いわゆるヘッドワークができる。
つまり頭が良くないとできないポジション。
スタンドオフが全体の司令塔ならナンバー・エイトはフォワードの司令塔とも言える。

また、二つの顔を持ち合わせている。
一つは「剛健」、もう一つは「柔軟」
主に縦、敵陣に対する攻撃の際。
突破口を作るためには突進力や破壊力が必要になる。
また、横への自陣に対するサポート。
幅広くバランスを取りながら自陣を守る。

縦横無尽に気が回り、剛健さと柔軟性を持ち合わせている。

剛健さは、言い換えれば「押しの強さ」。

柔軟さは「広く気が回せる余裕」。

こんな二面性を持ち合わせているからこそ、モテる。


がっちがっちなフォワードの8人の一員で、バックスは全然関係ないという人。

スピードが売りでフォワードの仕事は半分だけで、バックスの役割もバッチリこなす。

等々、いろんなタイプがいる。

能力や才能が発揮できるポジション。

身体があって走力があって、センスがある。

どれかひとつなくてもナンバー・エイトはできない。


試合開始から最初の10分は両チームの「穴」の探り合いが始まるらしい。

ナンバー・エイトの実力を推し量るシーン。

相手のナンバー・エイトが小柄だ、と言うだけで自分のチームを有利な展開に運べるとも考える。

なかみ

花形、花形と呼ばれやすいナンバー・エイト。

花形、と言われても素人からしたら何がすごいプレーなのかわかりにくい。観戦初心者にはわかりにくいが、知れば知るほど興味が湧くポジション。

ナンバー・エイトを除くフォワード7人の話を総合すると、彼らは基本的に「自己犠牲」の人。

ナンバー・エイトはバックスと一番近い位置なのでバックス的な視点も持つ。

つまり自己犠牲する人々を客観的に、一歩引いて見ている人。

どこで何がおきているか、を見極められる人。全体把握する。

フランカー的要素とロック的要素の両面性があって、突進力もあり、かつ機動力もあるっていう小回り的要素を求められるのだが、大物が多い。

細かいことにはこだわらない。まっすぐな人。

アタックとディフェンス。二つの面を併せ持つ『強くて優しい男』だからモテるんだとか。

社会に出ても、強引な押しと横への幅広いバランス力で活躍してしまうらしい。

ナンバー・エイトは風来坊とも言える。

風の向くまま、気の向くまま……ではちょっと困るが。

要するに固定されていない、フリーなポジション。制約があまりないので自由に動く。

フォワードから離れて攻め込んだり、バックスのサポートに回ったり、いろんなことができるナンバー・エイト。

ナンバー・エイトの名前の由来

その昔、スクラム3列目は3人が横に並んでおり、現在のように1人が後ろに飛び出した歴史は浅い。

つまり最も新しいポジション。だからなのか名前も、ポジションの位置そのまま、ストレート。

スクラムハーフの男たち

小さい身体に負けん気溢れる
フォワードバックスの繋ぎ役
腰痛もちの、試合の指揮者

スクラムハーフの位置

1
プロップ
2
フッカー
3
プロップ
4
ロック
5
ロック
6
フランカー
7
フランカー
8
ナンバーエイト
9
スクラムハーフ
10
スタンドオフ
12
センター
13
センター
11
ウイング
14
ウイング
15
フルバック

9

見た目

小柄の人がやるポジションだと思われているが、世の中的にはそんなに小さくない。あくまで15人の中では小さいというだけ。

背筋をいつも伸ばしている。

生意気そう（デカイ奴から見ると）。デカイ奴とつるまない。

動きが機敏。ファイター精神がある。

仕事

フォワードとバックスの中央にいて、ポジションの位置からして、試合の心臓部を担う。

まずはスクラムにボールを入れる人がこのスクラムハーフ。スクラムまわりをめまぐるしく動き回っている。なので小さくても目立つ。

フォワードが決死の思いでぶつかり合って揉みくちゃになってスクラムから出したボールをスタンドオフへ。

小さい身体を活かし、右へ左へ。常にボールと一緒にちょこまかと動き回り攻撃のリズムを作るのがスクラムハーフの仕事。小さな身体で相手にプレッシャーをかけまくる。

スクラムでは「押し」はしないがボールを入れて、出てきたら瞬時に判断。そしてバックスへとさばく。


同じハーフバックという列にはスタンドオフ（10番）というポジションもいる。スタンドオフがゲームを作るポジションだとしたら、スクラムハーフはゲームの「リズム」を作る人。

フォワードからバックスに移る転換地点のポジションなので、試合中のパス回しのテンポを速くしたり遅くしたりと調整している。スタンドオフが司令塔だとしたらスクラムハーフは指揮者のよう。

フォワードから出てきたボールをバックスにつなぐ時に、バックスに走らせる、自分で蹴る、自分でボールを運ぶ、と言った攻撃の起点を創り出す。

パスをせず自分でボールを運べる、ということで「９人目のフォワード」にもなる。

まだ日本ではそこまで多くはないが、大柄なスクラムハーフも増えている。


またパスの上手さが最も大切なポジションでもある。

ちょっとした穴を見つけては機敏にパスを繰り出す。

でも実はキャッチは下手だったり。

スクラムハーフは拾ったボールを投げるのが仕事。

止まっているボールを処理することが得意なのだ。

なかみ

スクラムにボールを入れる時、レフリーの近くにいるので話しかける選手も多い。

おしゃべり。

デカいやつから見ると、生意気。

だから身長が高い人はみんな嫌い。

目の前のフォワードに指示を出し、後ろのバックスにボールを供給するから自然と口数も多くなる。より多くのコミュニケーションを取る必要がある。

小さくても大男を操れるポジション。

指示を出し、話す機会が多いので明るい人が多い。

そんなスクラムハーフは明るい上にやんちゃな場合も。

やんちゃでおしゃべりで小柄。子どものイメージ。


彼らはおしゃべりしながらでも相手の隙を常に伺っている。

試合の中でもより多く叫び、そして話す。どこにボールが入ればいいのか考えながらパスを出す。

明るくふるまいながら、相手の隙を伺っている……なんて言うと腹黒い印象を持たせてしまうかもしれない。

実際そんな人もいる……かも？


いかついラグ男の中で身体が小さくてもできる唯一のポジション。

ラグビーは様々な体格の人間がプレイできると、何となく理解できてきたかもしれない。

海外ではロックと比べるとスクラムハーフは頭3個分も違ったりすることも。

小さくたってチームの要。

そんな小さな身体で、がっしりした他のポジションの選手にぶつかっていくんだから負けず嫌いで強気な選手も多い。ちなみにタックルを仕掛ける時、腰あたりからぶつかった方が相手を崩しやすい。だから、このスクラムハーフのタックルを苦手とする選手も多い。元が小さいのでタックルしてくる高さも低いから。

強気に鋭いタックルをかましてくるスクラムハーフは、実は〝やんちゃ〟というイメージとは対極にあるのかもしれない。

スクラムハームはフォワードとバックスの繋ぎ役。

だからこそ試合中だけではない気苦労も絶えなかったりするらしい。

目の前には自分よりも体格に恵まれた大きなフォワード、後ろはボールを持って走りたくてうずうずしているバックス。そんな両方の意図を汲んで試合を動かす。性格の違う両者が気持ちよくプレイできるように……なんて献身的なことを考えているスクラムハーフは少ないのかもしれないが……。

つまりスクラムハーフは試合中フォワードとバックスの動きをずっと伺っている。試合のリズムをつくる調整役なので、自分がフォワードだったら、あるいはバックスが動きやすくするためには、といったような両方の感覚を持つ能力がつく。

パスに多く絡むため常にボールの側にいる。そのため、運動量としてもかなり多い。パスの回数が一番多い、ということは中腰の姿勢を一番とっている、と言うことである。かがんで投げる、を繰り返すので万年腰痛。引退したって腰痛。でも拾う動作がなんとなく好き。そして何かを拾うと投げたくなるんだとか。

ボールが転がっていくと、一緒に動く。ボールの行く所ならどこにでも行く。ボールに一番触れるからこのポジションが好き、という選手もいる。動きとしてはスクラムハーフは一番ちょこまか動いて運動量も多い。

その動きのすべてに意味があるわけでもない。

時々無駄なことをしながら、新しい攻め方を考えるなど挑戦的なことをしていたりする。

近年では小柄なスクラムハーフ、という固定概念から外れ、大きなスクラムハーフもいる。しかし体格的に小さなスクラムハーフが自分よりも大きな選手の脇をすり抜け絶妙なパスを繰り出した時、トライが決まった時に負けない確かな興奮を覚えるもかもしれない。

スクラムハーフの名前の由来

その名前にはスクラム、と入っているが「押す」作業には加わっていない。スクラムの近くにいる、真ん中のバックスなのでこの名前がついた。スクラムに参加しているとすれば、ボールを投入するだけなので中途半端。つまりスクラムに半分参加するから、なんて覚えたら面白いかもしれない。

スタンドオフの男たち

試合を動かすのは俺！
きれいなジャージに身をつつむ
王様キャラのポーカーフェイス

スタンドオフの位置

フッカー
プロップ
プロップ
ロック
ロック
フランカー
フランカー
ナンバーエイト
スクラムハーフ
スタンドオフ
センター
センター
ウイング
ウイング
フルバック

見た目

身体つきに特徴はなく、大事なのは頭のキレ。

しかし、タックルなどにそこまで関わりはしないのでフォワードと比べれば細く、走れそうな体格。

身体つき、というかむしろ顔つきでスタンドオフは見抜けるかもしれない。

仕事

指令塔。フォワードとバックスの中間に立ち、攻撃を判断、選択していくゲームメイカー。

昔のスタンドオフは、司令塔として動くために混戦、転がるシーンにはできるだけ入らなかった。

そのためユニフォームが汚れないことがこのポジションの特徴だった。

しかし近年では積極的に転がり、多様な動きが求められている。

パスキャッチ、キックのスキルは特に重要。

戦術を瞬時に判断して攻撃につなげるのでラグビー理解度の高さが必要とされるポジション。

なかみ

試合を一番大きくコントロールできるポジション。

聞くと、司令塔だけでなく、大名。王様。……そんなイメージも出てきた。

このポジションはつまり「王様キャラ」が多いらしい。

試合をコントロールしているのは自分という、全能感。

外面は遠慮しているように見えるのだが、いやいや内面は目立ちたがり、きっと。


そうなってしまうのも仕方ないのかもしれない。

スタンドオフはフォワードのように熱くなってはいけない。

常に平常心を持って、冷静でいることが必要になってくる。

キャプテンが崩れてもいけないが、スタンドオフが慌てても、また試合が崩れてしまう大きな要因となってしまう。

ポーカーフェイス、ミスしても「なんともないよー」っていう顔ができればよい。

試合の勝ち負けはスタンドオフにかかっている、と自負するスタンドオフ経験者もいた。

また、チームが負けても他のポジションほどはくやしさを顔に出さない。

そういった意味ではクール。

もし、バーでおしゃれなカクテル傾けてる、がっしりラガーマンがいたとしたらスタンドオフ出身者かもしれない。
ちなみに、プロップはスクラムが押し負けたら、試合に勝ってもくやし泣き、居酒屋でスクラムを語りながら。

やってみたいポジションは?と聞くと「スタンドオフ」をあげる人は多い。
身体の大きさやパワー、飛び抜けたスピードを持っていなくてもよい。
求められる能力は判断や技術、特に頭の部分を求められるポジション。
当然、頭のキレが速い。パスのレベルも高く、技術レベルも高い。
また、頭で考えることが多いので理屈屋が多い。
「なんでこうしないんだ、とりあえずタックルしてから言えよ」なんて思っている。
言ってみればナルシスト。アイアム、ナンバーワン。
とにかくプレースタイルはかっこいい。クールなキャラがここを陣取っている。
観客側から見たら、スタンドオフはパスを回すだけのように見えるが……。

いやいや単にパスするだけのスタンドオフではよいプレーヤーとは言われない。

パスだけでなく「試合を上から見た」視点も重要になる。

私たちは観客席から、あるいはテレビで観戦しているのでグラウンドを上から全体的に見ている。

「あのスペースに出せばいいのに」なんて勝手につぶやける。

しかし、実際のグラウンド上、平面ではそれは困難。

全チームスポーツに言えることだが、中に入ると他人の動きはおろか、自分がどう動いているのかさえ判断するのは難しいものだ。


他のスポーツでもそうなのに、ラグビーは接触する。コンタクトが多いスポーツ。

選手同士が揉みくちゃになっているので広くて深い視点をもつのは困難の極みと言える。

そんな点から見てもスタンドオフは努めて冷静に、試合展開をきっちり判断できなければならない。

それだけすごいコトをやっているし、実際スタンドオフはすごいのだ。

また、スタンドオフは背番号が汚れない。

雨の日、背番号の１０番が見えたらそれがスタンドオフ。
汚れなさ加減ではフルバックと同じくらい。
ただしフルバックは相手が抜けてきたらタックルしなければならない。最後の砦なので
タックルすることも多い。
余談だが、だからフルバックが汚れてないのは圧倒的に有利な試合。あまり頑張って守る
ほど自陣に攻められなかったことになる。劣勢な試合ではフルバックがどろんこの汗まみれ
になっているはず。

スタンドオフの後ろには頼れるセンターがいる。

走ってくれるウイングがいる。守ってくれるフルバックもいる。

つまり安心して背中をまかせている。

なので、フルバックに比べ、よりユニフォームが汚れていない。

まあ近年のラグビーのグラウンドは天然芝が多く、そこまで泥まみれになることも減って
いるのだが、汚れなきスタンドオフの泥まみれは、チームから好かれる標にもなるらしい。


スクラムハーフとスタンドオフのハーフバックは、タックルされにくいポジションなのだ

が、実際にはフォワードが最初に狙うのもここ。

シニアラグビー※であってもタックルで狙われやすい。

だから学生時代はスタンドオフで鳴らしていたのに、なぜかシニアではセンターをやりたがる人もいるとか。

センターにはフォワードが突っ込んでこないから……って、どこまでスタンドオフは王様キャラなんだろう。


傍若無人なイメージのスタンドオフだが、本当は心のなかでは相当なプレッシャーを受けているのも事実。それを顔に出さないように隠しているのかもしれない。

実際は指示を出しても「あってるかなあ……」なんて不安になっていたりすることもあったりして。

しかしそんな不安な顔のままだと、指示される方も不安になってしまう。

だから試合を円滑に、有利に、かつ他のポジションに自信を持って動いてもらうために、スタンドオフは余裕綽綽で指示を出す。嫌な奴では決してないから、ご安心を。

※シニアラグビー…40歳以上のラグ男で構成されたラグビーチーム。

スタンドオフの名前の由来

元はスタンドオフハーフ（＝stand off harf）と言われていたものが短くなった。スタンドオフ（stand off ＝離れている）には「孤立している」、なんて意味もある。孤高のポジションだが、根はもっと輪に入りたがっているのかもしれない。

センターの男たち

職人気質でパス繋ぐ
コミュ力《りょく》高めな
影の司令塔

センターの位置

2
フッカー
1
プロップ
3
プロップ
4
ロック
5
ロック
6
フランカー
7
フランカー
8
ナンバーエイト
9
スクラムハーフ
10
スタンドオフ
12
センター
13
センター
11
ウイング
14
ウイング
15
フルバック

12 or 13

見た目

２人いるが、実は別もの。

後でも話すがタックルを仕掛けぶつかる役割のセンターと、抜けた隙間をかいくぐるセンターがいる。

前者はフォワードに近くがっちり。

後者はバックスらしく、走れそう。

仕事

攻守に相手バックスとトップスピードでぶつかり合うセンターには、力強い足腰と、強いタックル能力が求められる。

１２番と１３番で明確に役割を分けているチームもあるが、近年では片方をゲームメイクに、もう片方をスピードを活かして突破するようなセンターを置くのが主流になっている。

なかみ

なんでもできちゃうのがこのポジション。

センターはなんと言っても職人肌。

捕まらないように走っているウイングに、果敢にタックルを仕掛けていく。


センターはポジション上、ボールが回ってきた時に次の攻撃の起点になるため、あえて捕まりにいくようなプレーをすることがある。ブレイクダウン※した時も何人かを巻き込むのだ。敵の守備人数を減らした方が味方に断然有利だから。


いわゆる「縦」に強いセンターがいるのがチームの武器になる。

「縦」と「横」の話は恐らくラグビーに関わらずスポーツの攻略本には当然のように使われている言葉だろう。

観客席から見ると横に長いグラウンドだが長方形の長い辺が「縦」。短い辺が「横」。

解説者の説明に「今のは縦に切り込むべきでしたね！」「いやもっと横に広がるべきでしたよ」なんて。

※ブレイクダウン…タックルされた時。ボールを持っている人がうずくまっているように見えたらこの状態。

センター2人の役割分担としては、
1人がフォワードのような体格をして相手を蹴散らし、ボールの前を広げる。

もう1人は開けたスペースにいるウイングにボールをまわす役。

「オレの方が身体でかいしタックルするわ、だからここはオレがいく」と、真っすぐ縦に突っ込むセンターと、

「オレはパスの方が得意だし道あけてくれ」と、パスでつなぐセンターの組み合わせ。

武闘派で猪突猛進タイプと、技巧派で慎重タイプに分かれていたりする。

お互いが自分にない点を補完しあっているので互いが互いを尊重している。

違うタイプを「いいね！」と憧れていることもあるらしい。


そしてウイングよりも仕事が多い。

スタンドオフから矢のように放たれるパスをウイングにさばいていく。

流れ作業のようにしているわけではない。パスするタイミング、相手の出方を伺ってセンター同士息を合わせ慎重にパスをつなぐ。だから、職人肌的なプレーヤーが多い。

同じ列にいるウイングはいつだって自分が主役のつもり。自信過剰で運動会はずっと一等賞だった人。

に、対してセンターは総合的な強さ、早さを求められている。

だからバックスのコーチを頼む時はセンターを呼ぶのがいいなんて話もある。

その根拠はキック。ウイングは利き足でないと蹴れないし、スタンドオフはキックばっかりになってしまう。

その間をとってのセンター。


よくウイングがトライを決めて、センターは何をしているのかわからない、なんてことがある。

それもそのはず。フランカーはタックルだし、プロップはスクラム……センターはパスがメイン。

確かに目立たないかもしれない。でもマルチな技を繰り出す職人。

そんなセンターだが、立ち位置的にはウイングを使う立場にある。

ウイングはセンターに使ってもらえないとトライするどころか攻撃に絡めなくなってしま

う。

絶妙のタイミングでウイングにパスをして、トライを決める。

ウイングは自分がトライを決めた！と思うが、センターからするとトライさせた、なんて思っている。でも言わない。心の中でニヤッとしている。

つまりアシストがメインなのだ。

こんな関係がポジションで成り立っているので、ウイングとセンターが仲がいいチームは強い場合が多い。

ウイングから一目置かれるセンターは、つまりよいセンター。

ウイングにトライしてもらうためにパスした後のセンターは、守備の人数を減らすために「タックルされにいく」。

バックスはフォワードよりも接近せず、個々のプレーが目立つ。

しかしセンターはバックスの中央にいるだけあって協調性が高い選手が多いのかもしれない。

タックルするセンターとパスするセンター。

両方がよい動きをすればするほどウイングは気持ちよくトライできる。

劇的なトライの前のセンターの動きには注目していきたい。

センターの名前の由来

スリークオーターバックの中央にいるためセンター（＝center）。

ルール本にはインサイドセンターとアウトサイドセンターと分けて書いてあるが、戦略的に分けられているだけなので見る人のイメージとして12番と13番、技巧派と武闘派で大丈夫。


バックスの中の中央。TBはスリークォーターバック（＝three quarter backs）の略。基本フォーメーションのバックスを8列（※ウイングとセンターを2列扱い）にした場合の6列目（※ウイングとセンターを統合）を約分してこう呼ぶ。

その真ん中に位置するのがセンター。スタンドオフからのパスを受けてから走ったり、パスしたりと工夫してチャンスを広げる。

ウイングの男たち

「俺って天才?」
表は自信家　陰では努力家
得点するのが仕事です

ウイングの位置

2
フッカー
1
プロップ
3
プロップ
4
ロック
5
ロック
6
フランカー
7
フランカー
8
ナンバーエイト
9
スクラムハーフ
10
スタンドオフ
12
センター
13
センター
11
ウイング
14
ウイング
15
フルバック

11 or 14

見た目

走るために無駄な筋肉は削ぎ落とし、すらっとしたきれいな体型。

太ももはかなりの太さ。足が商売道具。

都会派。ノリがよさそう。

仕事

11番と14番、両端に2人いる。

ボール持ったらトライ目指して一気に走る。

チームの中で最速を誇り、同時にスタミナも持っている。

基本、ポジションは端っこ。グラウンドの両端に位置して、試合中一番走りまわっている。

仲間がつないだボールを得点につなげるのが役目。

海外の選手は背の高いウイングが多いが、日本の選手はさほど高くはない。

タックルをかわし、スピードで相手を振り切るタイプが多い。

ウイングがボールを持つと確実に試合が動く、会場も盛り上がる。

ただ、なかなかウイングにボールは渡らない。

なかみ

ウイングは誰に聞いても「自信家」という答えが返ってきた。

元々足が速く、小学校の運動会は「俺のための日！」なんて思っていた選手が多い。

プロップはお弁当が楽しみだったんじゃないだろうか……。とにかく足に自信のある選手ばかり。

パスを放ることにあまり楽しみを感じていない。とにかく走るのが楽しい。走ることに辛さなど感じていない。


また、最初から走れるからこのポジションにいる、というわけでもない。

ラグビーを始めた時、最初に配置されるのもこのポジション。

難しいことを考えず、とりあえず走ればいいので初心者は大体このポジションから始まる。

その延長で、初心者でなくなった時まで本能任せに走っている人もいる。

何も考えず、本能で走る方がよい結果につながることもあるらしいが……。

これはあくまで現役選手に聞いた話。

ウイングはトライをとってなんぼのポジション。

ただ、ボールに関われる回数は意外と少ない。

ポジション的には一番端なので、なかなかボールが回ってこないのである。

少ないチャンスで得点につなげなければならない。


ボールに関わったときの一回一回の重さをウイングは承知している。

みんなが努力してつないだボールを、トライという形で得点に結びつける。

ウイングがボールを落としたりすると、今までつないできた仲間の苦労が台無しになってしまう。


みんながつないだボールをもらって最後に飛び込む。

それは一人ではできない仕事で、自分一人で仕組めることでもない。だから声にも力が入る。

「チャンスだ!」「オレにまわせ!」という指示がうるさいくらいでないとウイングは務まらない。

ひと昔前は自分にボールが回ってくるのを待つのがウイングだったが、近年ではスタンドオフの場所に立って横のラインをコントロールしたり、フォワードの近くに行って自分からボールをもらいにいくこともある。

他の仕事はとりあえず置いといて、他人の仕事にはあまり口出ししないのがウイング。


ウイングも2人いる。

役割としては、片方はタックルが強く、もう片方はチーム内で最も足が速い者を置く。左右同じような選手を置くことはラグビーでは珍しいようだ。


小学校の運動会に始まり中高の体育祭でも……といったように学校で一番足が速かった、かも。だからこそ、ちょっとやそっとの自信ではなく自信過剰なくらいの人間がウイングに適している。

何度も何度も〝そのときのため〟に一見無駄な走りをしている。テレビには映されないような場面でも何十回とボールをもらう準備をして、いざ自分に回ってきたら全速力でゴールラインを目指す。

一見すると華やかなポジションかもしれない。実際ウイングの人は自分が努力しているところを仲間に見せない。

ウイングとしてのトライは、プロップやフッカーがスクラムを組むのと同じように考えている。

トライに命をかけていて、トライすることが自分の仕事だと思っている。

起用されない試合があると「どうしてオレを使わない！」と真っ先に抗議するのもこのポジションらしい。


端っこにいるので、冬のシーズン中はボールが回ってこないと地獄である。「寒い」。チームが相手陣内でプレーしているとさらに、である。

雨を嫌うスポーツ選手は多いと思うが、特にウイングの選手は嫌うだろう。身体が冷えて走りづらい。

ただ夏場は端っこを走っているのでサイドラインに一番近く、ライン際に控えているウオーターボーイ※から給水してもらいやすい。

実際はバックスの中で足が速いのが当たり前だが、ウイングのマークはウイング。こちらも足自慢だが、あちらも同じく足自慢。速い者同士の凌ぎ合いになってくるので、

※ウォーターボーイ…給水係。昔は「やかん男」と呼ばれていた。水を持ってくるだけでなく監督の言葉を選手に伝える伝令の役目も果たしている。

強いチームのウイングは、足が速いだけじゃ務まらない。相手（トイメン、とラグ男は呼ぶ）に対して強くなくてはならない。

その脚力で観客を沸かせるウイングは自信家だとされているが、その自信の裏には試合中ずっと走っていられる体力や、試合が展開のたびに無駄走りする努力が隠されている。そんな努力も才能のうち、とウイングの選手は言っていた。

最後に、足も速いが手も早い、なんて話も。

ウイングの名前の由来

その名の通りウイング（＝wing）。２・８・９・１０・１５を背骨だとするとこのポジションは腕に当たる。

フルバックの男たち

全責任を背負いこみ
最後尾から「穴」塞ぐ
孤高の守護神

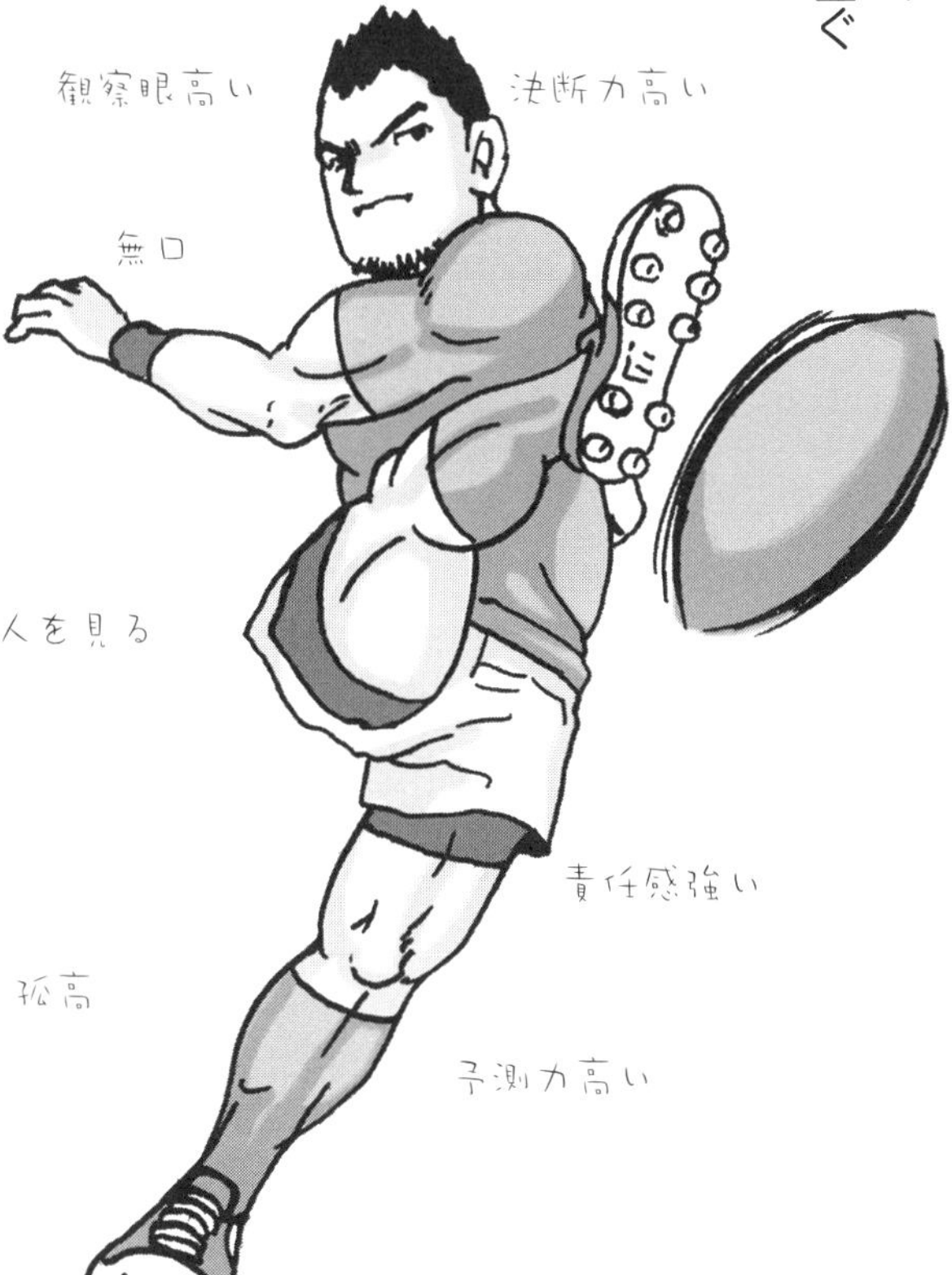

フルバックの位置

1
プロップ
2
フッカー
3
プロップ
4
ロック
5
ロック
6
フランカー
7
フランカー
8
ナンバーエイト
9
スクラムハーフ
10
スタンドオフ
12
センター
13
センター
11
ウイング
15
フルバック
14
ウイング
15

見た目

試合開始後、すぐに動くわけではない。

冷静に展開を観察し、的確にサポートするためのがっしりとした身体。すぐに動ける足。

見極める眼力。笑っているようで鋭い目つき。

守護神としてのどっしりとした存在感。

仕事

最後の砦、守護神として味方のゴールラインを守る。

しかしサッカーのゴールキーパーのように自分のポジションから動かないわけではない。

積極的に走ってサポートに回る。また、切り札のようにして攻撃にも参加する。

守れるし攻められる守護神、というのがこのフルバック。

バックスを最後尾で統率し、相手ボールのキックがくれば蹴り返す。

このキックは敵が自分たちの陣地に攻め込まれるのを少しでも阻止するため。

ロングキックが蹴れることやコントロール力も求められる。

サポートの点ではフォワードや他のポジションのように固定されていないところに特徴がある。

敵チームの隙を見つけてそこを攻めていくという、比較的自由なポジション。

試合中に後ろから全体を見て、相手がどういうプレーがしたいのかを判断し対処に移る。

なかみ

フルバックはずっと観察している。そして一番声を出す。

後ろから試合を見ている人だから対人関係も相手を品定めしながら話している節がある。

試合では多弁だが、私生活では無口だったり、なんてことも。


最近では五郎丸選手のおかげもあって、花形のポジションかつ有名になったフルバック。

敵が蹴ってきたら、どこに蹴るか、どこに落ちるのか、などを常に予想している。

相手の出方を予測して、先にボールが落ちてきそうなところで待つ。

全体を予想し、自分たちのチームが手薄になっているところをカバーしている。

花形と言いつつ、他のスポーツのようにゴールを決めるのが仕事、というわけではない。

コンバージョンゴール※を蹴ることは多いが。

※コンバージョンゴール…トライを決めた後、トライを決めたチームがゴールに向けてキックする。ゴールを決めると得点は2点。

全体の穴を埋めるような、サポート役。

五郎丸選手は普通のフルバックよりも少し攻撃的らしい。

フルバックは一番後ろにいる、というイメージがついている。

しかし彼らは常に試合展開を見ながら移動している。攻撃になれば大胆にライン※に入っていく。

チームの中でチャンスへの嗅覚が最もあり、試合が見えている人。

統計的にはウイングの次くらいにトライを決めているが、責任感は断然フルバックの方が強い。


決まっているわけではないが日本ではフルバックはキッカーが多い。

場合によってはセンターやウイングも蹴るが、ゴールキックなどはフルバックかスタンドオフが蹴る。

ラグビーボールは楕円の形をしている。なので、サッカーボールとは違い、旋回して、どこに落ちるかわからない。

そのために専門的な練習が必要。データ分析に注力しているチームは試合開始10分で相

※ライン…試合が展開すると、横一列になってパスを回していく。

手のスタンドオフ、もしくはフルバックの利き足を見極め、作戦を立てている。

このフルバックがキック処理をした後、すぐに次のプレイのために全速力で走っていたらいい選手かもしれない。

フルバックは目立ちもするが、孤独なポジションでもある。

守護神と言われるだけあってミスは許されないため、強い責任感が必要。

この砦が破られてしまうと相手チームにトライを献上してしまうことになる。

ただし、ミスを埋めるような役割が多いため、何かあっても「何とかなるだろう」と思っていることも。

実際に何とかしなければならないポジションなので、しっかりはしているのだろうが……。

また、雨が降るとここもまた寒いポジションでもある。

スクラムを組むフォワードは「おしくらまんじゅう」なので暖かい。しかしバックスの、しかも試合を集中して見ていなければならないフルバックは、運動量もそこまで多いわけではなく、寒い。

雨を吸う革のボールは重いので、ボールを蹴り返す時なんかは足が痺れて感覚もなくなる。基本的に肌の接触がタックルの時しかないようなバックスは、寒い日の試合中、スクラムから湯気が上がるフォワードがうらやましくなったりする。

フルバックが花形、と再三言ったがそれはエキストラマン※に徹しているからである。自分のチームの手薄になったスペースを埋め、チャンスを見つけられると相手の防御を身体を張って破る。

味方チームの穴を素早く見つけ、それを埋めることができるからこそ最後の砦として信頼され花形となっている。ちょっとおいしい。

他のポジションのように自分の仕事が決まっていないため、各チームのフルバックに個性が出る。神出鬼没なライン参加であったり、完璧な穴埋めサポートであったり、責任感と気迫に満ちたタックルであったり……。キックだけにこだわらず、フルバックの行動に目を向けてみるのも面白いかもしれない。

※エキストラマン…防御が不足しているところを補う役目。

フルバックの名前の由来

フルバック(＝full back)。全てのポジションの後ろ。

インタビュー

日本代表ラグ男たち

堀江翔太
フッカー , フランカー ,No.8
180cm ／ 104kg
1986 年生
大阪・島本高校→帝京大学
愛称：しょうた、ホリエ

稲垣啓太
プロップ
183cm ／ 115kg
1990 年生
新潟工業→関東学院大学
愛称：ガッキー

山田章仁
ウイング
181cm ／ 85kg
1985 年生
福岡・小倉高校→慶応義塾大学
愛称？：今夜がヤマダ

前章では各ポジションの性格や特徴を独断で決めつけた。本当にそうなのだろうか。現役選手に話を聞き、少しだけでも彼らの「ナカミ」に触れてみたいと思う。

――まずはラグビーの魅力からお話しいただけますか。

山田　ラグビーの魅力と言えば何と言ってもぶつかりあうところじゃないですか。非日常生活を味わえる空間を共有できることもラグビーの醍醐味ですね。

――すみません、始まって早々ですが、稲垣さんの顔の傷が気になって……。

稲垣　一昨日のプレーオフトーナメントの試合で負傷しました。試合中に応急処置はしたんですが、思ったより重傷で、頭の右半分は感覚がないです。やったときは切れただけだと思ったんで、最初は上だけ縫ってすぐに試合に戻ったんですが、傷が深かったんで上だけ縫っても血が漏れてきちゃうんです。出血を止めるために試合中3回までは治療できるんですが、それでも血が止まんなくて結局交代して、試合後にしっかり縫いました。

山田　やだなー。

2016年1月16日
ジャパントップリーグ・プレーオフトーナメント
VS 神戸製鋼
額の傷の手当を受ける稲垣選手

堀江　まさにラグビーの魅力はこういうところでしょ。ケガを恐れずぶつかりあうところ。
山田　観にきてくださるお客さんも、この男と男のぶつかり合いを観て楽しんでもらえていると思います。
堀江　それとサッカーとかバレーボールとか、相撲もそうですが、他のスポーツの選手はだいたい同じ体型なんですね。しかしラグビーはいろんな体型のヤツらが集まっています。しかも15人という大人数でやるスポーツはラグビーだけだと思います。
――ポジションごとの特色は何かありますか。
稲垣　プロップ（1番、3番）は優しいヤツが多いですね。
山田　フッカー（2番）は、んー、優しい。（堀江選手を見て……笑）
稲垣　前3人（スクラムを組むときの最前列1、2、3番）は基本、優しいヤツが多いですね。
堀江　フォワードの背番号1、2、3、4、5は優しくておっとりしてる。6、7、8は少し性格は変わってくるかな。
山田　フォワードは厳しいポジションなんで、まわりの人の気持ちがわかるんじゃないかな。うまいこと言ったな。（笑）
稲垣　バックスがミスしたら、ぼくら（フォワード）がスクラム組まないといけないんです。
山田　文句一つ言わずに辛いことをしないといけないわけですから、フォワードは心の広い人が多いですね。

堀江　プロップでやんちゃなヤツはいないですね。とくにトップ選手には。フランカー（6番、7番）とナンバー・エイト（8番）はプレー内容がバックスよりで自分からタックルにガンガンいくようなポジションなので、強気というか攻撃的なヤツが多いかな。

山田　9番（スクラムハーフ）、10番（スタンドオフ）はオーガナイズするのでいろんなヤツの意見を取り入れたり、人の話しを聞ける人が多いですね。仕切り屋かな。

センター（12番、13番）はコンタクトプレーが多いので痛いプレーをいやがらない熱い男が多いポジションですね。

フルバック（15番）は一番後ろのポジションなんで、全体を見渡してマネージメントできる選手が多いですね。冷静な人かな。

堀江　バックスは個性的なヤツが多いんで、自分を持ってますね。フォワードは基本、言われたことをやるんです。バックスに右行けって言われると右に動いて、左行けって言われれば左に動く。バックスの言う通りに動くんでフォワードは〝犬〟みたいなもんです。バックスの連中は悪く言うと自己中心的で、よく言うと自分を持ってるヤツということになりますね。

とくにスクラムハーフはどこのチームも気が強いのが多いですね。11番、14番のウイングも自分を持ってる選手が多いと思います。9番ほど口うるさくないのが特徴ですかね。ウイングはトライしないといけないポジションなんで結果を残さないといけない。黙々とやる選手が多いんじゃないですかね。

山田　ぼくはウイングとフルバックを両方やるんですが、冷静さと自分を持つと言う両面を兼ね備えています。(笑)

バックスの場合、ポジションはできる人ができるところをやりますが、世界に出て行く時は決まったポジションをやることになります。

堀江　ぼくも6、7、8くらいはできますが、ジャパンでは固定したポジションですね。

稲垣　ぼくは1番だけです。

山田　ぼくはウイングですが、1、2、3もできます……。うそです。(笑) 絶対できません。スクラムの練習はしませんから。

堀江　こういう冗談を言うのがバックスの特徴で、お茶目なヤツが多いですね。

――では、皆さんのポジションの魅力をお願いします。

堀江　ぼくはもともと6、7、8番のポジションをやっていて、2番（フッカー）に移動したんですが、このフッカーというのはスクラムとラインアウトで役割が変わってくるんです。このポジションをこなすということはラグビーのほとんどのプレーにかかわることになるんです。これは楽しいですね。最前列でスクラムを組んで、ラインアウトでボールを投げ入れるという仕事がある。ジャンプしてボールを捕る人との駆け引きもありますね。

ナンバー・エイトは全体の動きや流れを見ながら攻守の判断をするんで、ラグビー選手が憧れる花形と言われるポジションです。男前が多いのも特徴かな。なので自然とぼくは2番に移っていきました。(笑) 1、2、3番はこういう不細工なヤツが多いんで……(稲垣氏と自分を指差して)。

山田　ユニークなキャラクターが多いですね。

堀江　確かにユニークな顔をしてる人が多いですね。(笑)

山田　1番、3番のプロックと2番のフッカーは専門職と言われているんです。試合中にケガをしますね。バックスは誰とでも交代できます。たとえそのポジションをやったことのない人でも試合に出られる。しかし1、2、3番はそのポジションの人としか交代できないと言うルールがあるんです。なぜかと言うと、スクラムは首を痛めることもあるので訓練した人でないと危険なんです。ですから、このポジションをする人たちには、自分にしかできないと言う拘りと、プライドを持ってしんどい仕事を黙々とこなしているんだと思います。

――タックルのときは怖くないですか。

山田　タックルに行くときに怖さはないですね。どのタイミングでタックルに行くかは、相手との駆け引きがあるのでそのことばかり考えています。ケガするときは、駆け引きがうまくいかなかったときですね。

堀江　タックルのときは何も考えていませんね。ただビビって抜かれたりすると、メッチャ恥ずかしいんです。その思いをしたくないいんで必死にタックルにいくんですよ。

稲垣「あっ、やってもうた」って思うんですよ。

山田　抜かれたときはスローモーションで頭ん中に映像が流れてる。テレビでも映像が残るし。

堀江　誰が抜かれたかってみんなわかってるからね。

山田　タックル行くときは無心でいきますね。

稲垣　相手がきたら身体が勝手に反応します。そこでタックルかわされたらおしまいですね。怖がったり、自分がどこかケガしてたりするとたいてい抜かれますね。

山田　ぼくはウイングなんですが、誰でもできるポジションなんです。(笑)ラグビーをはじめたばかりの初心者がまわされるポジションがウイングなんです。ただ、拘りを持つとどこまでも拘れるポジションなんで奥が深いポジションでもあります。ぼくが一番拘っているところは、痒いところに手の届く選手になるということですね。グラウンドの一番端にいるので仕事があまりなさそうですが、みんながつないできたボールを運んだり、ミスしたところをカバーするとか、何かあったときに穴を埋める役割ができるのもウイングというポジションの魅力の一つです。

堀江　ボールを持って走るだけなんで、とてもシンプルなんです。ただ、シンプルなだけに難しいポジションでもあるんです。食べ物に例えるとカレーかな。シンプルだけど拘れば拘るほどおいしくなる。簡単だけど凝るといくらでも味がでるとこですね。

山田　そうそう。ウイングはカレーライス。（笑）

――今期一番拘ったところは何ですか。

山田　やっぱり煮込み時間じゃないですか。（爆笑）

いやいや、スパイスを効かせたいんで、技を磨いて攻撃にアクセントをつけてチームに貢献することを第一に考えていました。

――メディカルスタッフについてお訊きしたいんですが。

稲垣　ある意味、メディカルスタッフって選手よりしんどい立場かもしれませんね。朝から晩まで選手のコンディションみないといけないし、朝から治療、昼も夜も治療。選手の治療が終わってから自分の仕事をしないといけないので、長時間働かないといけませんからね。

堀江　試合後はぼくらは休みですが、メディカルスタッフが一番働く時です。いつ休んでるのかと思うくらいです。いつもありがたいと思っています。

――試合中のハプニングはありますか。

山田　試合中にスパイクが脱げちゃうことがあるんです。そのときにスパイクを履くのが先か、プレーを続行するのが先か迷うことがありますが、ぼくはスパイクを履いてからプレーに参加します。（笑）

稲垣　ジャージつかまれて脱げちゃうことがあるんです。首あたりでジャージが引っかかってると邪魔なので脱いで相手を追いかけたことがあります。あれはルール上ありなんですかね。

堀江　どうなんだろうね。

稲垣　インナー着てればまだいいですけど、着てないと上半身裸ですからね。

山田　髪が長い頃、よく髪の毛を引っ張られましたね。

稲垣　そう言えば、けっこう髪の毛が抜けますね。ぼくはワールドカップの時にたくさん抜けましたからね。

山田　引っ張られて抜けたってことでしょ。

稲垣　いや、スクラムで相手の3番の脇の下に頭入れるじゃないですか。で、スクラム組むとジャリジャリって頭がこすれると思ったら髪がごっそり抜けて、相手の脇に植毛したんかってくらいくっついてたんですよ。耳の上の髪を根こそぎ持っていかれましたよ。

山田　ラグビー選手は毛根まで鍛えないといけない時代になりましたよ。（笑）

稲垣　ウイングは観客と距離が近いんで、ヤジとかないですか。

山田　そうだね。観客と話はしないけど何言ってんのか聞こえるからね。

――ファンサービスしたりしないんですか。

山田　さすがに試合中にそんなことしたら「お前何やってんだ！」ってことになるからね。日本代表のときは沈黙を通してるんで、パナソニックのときはスマイルくらいはしないとね。

堀江　フォワードもファンサービスじゃないけど、まわりに気を使うくらい余裕があるといいんだけどね。

山田　そう言えば、ワールドカップのときに背中でタックルしたの見ましたね。

堀江　あったね。あんなの初めて見たね。

2016年1月31日
第53回日本ラグビーフットボール選手権大会　VS 帝京大学
ラインアウトをする堀江選手
（ブルマ……です）

山田　あと、堀江のラグビーパンツが試合中に徐々に上がってきてブルマになるんですよ。走ってると邪魔なんでしょうね。そう言うお茶目なとこがありますよ。

堀江　確かにそうだわ。忘れてたわ。

山田　最近は堀江のことを考慮したのか、パナソニックのラグビーパンツの丈が短くなったんですが、それをもまくってしまう。ってことはただまくりたいだけなんじゃないかって。

稲垣　そうそう。スパッツもまくってますからね。

山田　そのうち何もはかなくなるかもしれませんね。（爆笑）試合中、堀江だけずっとモザイクかかってるかもね。（笑）

――少し私生活の話を伺います。オフのときは何をしていますか。

山田　コーヒー飲んでゆっくりしてるときが多いかな。

堀江　週に2回オフがあります。試合の翌日と中日（試合と試合の真ん中の日）ですね。試合の後に飲み行くこともありますから。

山田　みんなで飲みに行くと言うよりは気のあった者同士で飲みに行くって感じですね。部員が50人もいるとなかなかみんなでってわけにはいきませんから。

堀江　団体スポーツの中で一番人数が多いのがラグビーですから。ぼくはバックスの連中と飲みにいくことが多いんですが、フォワードはフォワードとっていうのが多いかもしれませんね。

山田　堀江は自己中タイプだからね。（笑）

堀江　キャプテンだからってことはないですね。キャプテンになる前からですから。自分は社交的な性格だと思うんですよ。だからバックスの連中と気が合うんでしょうね。フォワードって温厚な人が多いじゃないですか。でかいのが黙々と酒飲んでるんですよ。フォワードも酒が回ってきたら陽気になりますが、バックスは最初から賑やかじゃないですか。バックスは下品でフォワードは上品に飲んでるって感じですね。ただ、酔いが回ってくるとフォワードのヤツは脱ぎたがるのがいますね。

山田　堀江は自分は下品じゃないって言ってるみたいだな。（笑）

　ぼくはいろんなチームでラグビーやってきたけど、1、2、3番と仲良くなることが多いですね。やっぱ彼らは優しいんで、一緒にいると落ち着くんですよ。こっちが自由にやっても怒んないし。

堀江　ぼくはフッカーなんですが、いろんなことするんで普通のフッカーとは違うんですよ。普通のフッカーは1番、3番寄りなんですよ。キックも蹴らないし、パスもあんまり出さない。頭グイグイ入れてぶつかるっていうイメージなんです。ぼくはオールラウンダー

なんでいろんなところに顔を出す。あっちに顔出したり、こっちに顔出したり。それが飲み会でも出てるんですね。（笑）

山田　プレースタイルが私生活でも出るんだな。

稲垣　堀江さん、一人で飲むこともありますよね。

堀江　ぼくは結婚してるんだけど、わりと一人が多いな。買い物なんか行くときは一人のほうが楽だからね。

稲垣　山田さんはあまり一人で出かけないですよね。

山田　そうだね。ぼくは寂しがりやなんでね。（笑）

堀江　初めて行く店なんか緊張してなかなか入れない。

山田　それができないから一人じゃいかない。ぼくは何人かで行動することが多いですね。

堀江　代表の合宿のときも何人かで飲みに行くじゃないですか。店に入るときは全員がついていかないんですよ。普通は4人なら4人が同じ店に入るじゃないですか。ラグビー選手はそうじゃない。買い物なんかでも興味のあるヤツはついていくけど、そうじゃない

2016年1月31日
第53回日本ラグビーフットボール選手権大会
VS 帝京大学
ボールを追う山田選手

ヤツは「また合流するわ」って別行動になる。ぼくはそれが楽で好きですね。団体で動いているけどマイペースみたいなとこはありますね。

――奥様の話を少し聞かせてください。

稲垣　ぼくは独身なんでお二人に訊いてください。（笑）

堀江　奥さん、なんかライセンス持ってなかった？　ローラ飯（山田選手の奥さんはローラさん）？

山田　そうなんですけど、ぼくは飯食ってるだけですから。（笑）

ラグビー選手は遠征が多いんで、一人の時間を楽しめる女性がいいですね。

堀江　ラグビー選手を旦那にしようと思うなら、常に一緒にいられるっていうわけじゃないのでね。女性目線から言えば常に一緒にいないとダメって言う人は向かないかもしれませんね。チームのことがあるんで常に家庭にいるわけにはいかないし、選手同士で飯いったり、飲みにいくのも大事なコミュニケーションなんで、「家にいる時くらい私に時間使ってよ」っていう女性は無理ですね。

山田　そう、絶対無理。

稲垣　私を、私をっていうタイプはダメかもしれませんね。独身ですが……。（笑）

堀江　昨年のワールドカップのときは1年の半分以上は代表合宿でしたからね。

山田　体調管理や食事というよりは、たとえ一緒にいられなくても精神的な支えとしての貢献でしょうね。

堀江　バックスの連中と違って、フォワードはモテないからね。1、2、3番でめちゃめちゃハンサムなヤツって見たことない。浮気する技術も能力も持ってないんで……安心ではありますね。(笑)

山田　ほんとかー？

堀江　自己犠牲が強いポジションがフォワードですから、そのせいもあるんじゃないですか。

稲垣　そんなことないってバックスとして言っておかないと……。

山田　いや、その通りです。(笑)

堀江　ラグビー選手は結婚が早いかもしれませんね。日本代表の南アフリカ戦のスタートで独身は松島幸太朗（サントリー）だけでしたからね。

山田　日本代表の括りでいくと学生以外で独身は三人しかいないね。結果、ラグビー選手はモテるってことかな。

稲垣　ほんまですね。ぼくは三人のうちの一人ですわ。

堀江　モテるっていうか、フォワードは自分らがかっこよくないってわかってるから、これを逃したら次いつ結婚できるんだってことになるからじゃないかな。

選手へのインタビューを終えて

「お茶目」だった。

私たちがイメージしていた通り選手の皆さんは「強そうで」「でかい」。
そして知れば知るほど「紳士」。
実際にお話をさせていただくと「気さく」で「親しみやすい」。
インタビューから、そんなイメージが伝わればいいな、と思う。

レフリーというラグ男たち

御領園昭彦
日本協会公認レフリーコーチ

清水　墨
日本協会公認 A1 級レフリー

後藤　衛
日本協会公認レフリーコーチ

工藤　隆太
日本協会公認 A1 級レフリー

大槻　卓
日本協会公認 A 級レフリー

高橋史典
日本協会公認 B 級レフリー

久保修平
日本協会公認 A 級レフリー

精神的に「出来た人」ではないと務まらないのがレフリー、と聞いた。チームの勝敗を決めるのはレフリー。選手・観客から愚痴は言われこそすれ褒められることは少ない。

そんなラグビーのレフリーたちに話を聞いてみた。

（2016年1月16日に行われたトップリーグ・リクシルカップ2016の試合後）

久保　マイクがどこまで拾っているかわからないけど、選手はあることないこと言っていましたよね。（笑）

どうしても勝ち負けがあるので、自分たちにうまく運んでもらいたいと思ってます。しかし、それは相手チームも同じなので、ぼくらは常にニュートラルにしています。聞く耳を持ちながら、スルーするところとしないところとを使い分けてますね。選手の中には激情的な子もいて、同じ土俵に乗っちゃうとお互い言い合いになるから、そういうタイプの子には言わない。おとなしい子にはこっちから話をもっていって「ちゃんとやってね」とか。

工藤　イライラしかけているなって思ったら先手を打つこともありますよ。ぼくたちがあ

レフリーにはC級、B級、A級がある。C級は各県の協会が認めたレフリー。B級は3地域（関東、関西、九州）の協会が認めたレフリー。関東は関東協会が主催する試合を吹く。A級は日本協会が認めたレフリーで日本協会が主催の試合が吹ける。ちなみに国際試合を吹けるのが現状26人。下は28歳から、上52歳まで様々。

まりテンションをあげていくとよくないですね。常に落ち着いて、抑える立場で全体を見渡していればスムースに流れるかな。時々反則とかダメなプレーをしたときには怒る口調で言ってみたり、口調の強弱がないとゲームがおもしろくならない。

清水　私はゲームに入っちゃうタイプなので流れでやってます。感情移入しちゃう。それでもゲームは40分プラス40分、または30分プラス30分で終わりますから。(笑)

久保　いろんなパーソナリティがいて、いろんなゲームがあるから面白いんじゃないかな。レフリーとしては金太郎飴を目指していますね。ぶれない判定。しかしあるところを超えたらいろいろなレフリーが吹くから面白い。

御領園　ラグビーを始めたばかりの人はわからないだろうから、同じような判定基準を求める。しかしわれわれくらいのレベルになるとゲームの要素も違うし、プレーヤーのパーソナリティも理解しながら、自分の人間性も出していかないといけない。だから、レフリーの個性がゲームにあらわれるんです。今日のゲーム※のレフリングなんかはまさに個性的だった。チームのよさを引き出して、自分の個性も出しながらすばらしいマネージメントでした。レフリーのコミュニケーションの取り方とか笛のタイミングとか、それこそ身体全体の仕草とかがゲーム全体にあらわれる。ラグビーわかっている人はその辺も興味もって観ているんですよ。

※…トップリーグ　LIXIL CUP 2016　1月16日（土）
第1試合：キヤノン VS 近鉄
第2試合：神戸製鋼 VS パナソニック

清水　いやー、いい話だった。（笑）

大槻　レフリー、やりたいと思うかって言うと、普通は思わないでしょ。じゃあなんでやってるか。例えばスーパーラグビーは一番良い席が1万円ちょっとですか。でもベストシートはぼくらの場所、特等席です。血しぶき、汗しぶき、罵倒する唾、何から何まで全部受けられる。これも魅力です。代表で活躍する選手たちが目の前にいる。勝負を決めるトライを目の前で見られる。場合によっては3万人超の観衆の一体感でさえも味わえる。選手と観客とぼくらも含めて、一体になったときのうねりは言葉にできないものがありますね。

工藤　ぼくがレフリーになったのはいろんなところに行けるからかな。（笑）
　全国各地のいろんな人と会える。いろんな人とコミュニケーションがとれるし、文化というか地域ごとの取り組み方とか様々なラグビーが見れますからね。

清水　試合をどう楽しむかも魅力ですね。ゲーム前は身体の調子を整えるけど、終わったら飲んで、地元の人と交流して、おいしいもの食べて。ぼくがプレーヤーならこんな体験できないけど、レフリーだったから色々できる。

後藤　地元っていうと、ラグビーは地域によって取り組みに差があります。千葉にはスクールはあるけど、あまり小学校などの取り組みはないよね。それに比べて大阪や九州はすごい熱心に取り組んでいる。エリアが昔から決まってるんです。特に大阪、京都、福岡、九州はすごいですね。老舗の高校とかいっぱいラグビー部がある。

久保　ぼくはテレビで他のレフリーのゲームを「なるほどな〜」「今のはあーだな、こーだな」って見てます。魅力というか職業病かな。レフリー見ちゃって、試合を見てない。（笑）

大槻　うん、やはりレフリーって、個性がないとできないですよ。トップリーグでいえばチームの後ろに企業があって、企業を取り巻く人たちがいる。お金払って観に来るファンがいて、人生かけてプレーしている選手たちがいる。とても生半可な気持ちではできない。ぼくらの仕事って、ドローもあるが大半は勝ち負けがある。レフリーにもいろんな個性があって、ふわふわと全体を包み込むような人もいれば、がんがん追い込む人もいる。今の時代はネットで叩かれたりしますから、自分というものがなかったら病気になりますよ。そういう中でちゃんと自分をもつというのは物凄い精神力が必要なんです。

御領園　ラグビーはもともとレフリーもいないところで始まったスポーツです。その中でレフリーは仲裁役だったんですね。選手たちが自主的にやっていた。だからフェアプレーの精神が必要なんです。……かたいね俺は（笑）※

※…レフリーとアンパイヤの違い：野球など「ルール」で決められた判定をするのはアンパイヤ。しかしラグビーの場合は「個人の裁量」に任される面がある。ひとつのゲームをどうマネジメントするか「判断」するのがレフリー。ここを理解すれば、より観戦が面白くなる。

清水　もしもミスした時、まあ人がやってるんだからミスジャッジだっておきますよね。ぼくはゲーム中は完全に入ってるんでミスっても気付いてないですね。あれはミスだよって終わったあとに言われると、「きゃーっ！　やっちまったー！」っていうタイプ。（笑）

御領園　レフリーはいろんなプレッシャーの中でやってます。ピッチに入ったらゲームはもちろん、観客、関係者も含めて、自分がすべてを笛ひとつでコントロールするっていう気持ちがないとできない。どんなことがあってもレフリーに任せられるんで、仕切り屋じゃないけど、絶対君主のような気持ちでやらなくちゃならないですね。

大槻　テレビに映る時間が一番長いって統計があるみたいですね。でもそれは出たがりとか目立ちたがりってわけでなくて、30人をどうコントロールするかにはそれぞれのやり方や個性があるってこと。

清水　ただぼくは基本、レフリーが目立つのはあまりよくないと思ってます。ミスジャッジが多いとか、レフリーに注目が集まってしまうのは特にね。

久保　試合中に、「いたの?」って思われるくらいがいいレフリー。笛が鳴ったときにはじめてレフリーがいたのがわかるのがいいレフリーだよね。

（ここで平栗審判退席）

久保　そういえば判定をTMO※にあげることもある。今日のゲームはいろんなカメラでひろってたね。9台カメラが入ってた。少ないときは3つか4つ。

後藤　秩父宮はある程度カバーされているけど、それでも死角がある。あくまでもTMOは最終手段でレフリーが判断する。TMOで見てもわからない場合はレフリーが決断しますね。

大槻　やっぱり一番判断が難しいのはトライかどうか。得点が動くところが一番大事。サッカーでもゴールシーンで入ったか入らないかっていう話になる。スコアが多い方が勝ちなので、点数が入るところはむずかしくなる。

試合が始まり、20秒に1回反則が起きてるって言うと、あまりラグビーを知らない方は驚くでしょうね。ただ20秒に1回笛が鳴るかっていうと、鳴らないんです(笑)。全部が全部、吹いているわけじゃない。そこがレフリーの個性であり、腕の見せ所なんですね。

清水　ボクシングにはレフリーとジャッジがいる。レフリーはリングにいて試合を進行する。勝負がつかなかったら「はいジャッジさん、判定してください」って最終的に勝敗を決するのはジャッジです。ラグビーはレフリーが仲介人となっていろんな話をきいて、こうしましょうって相談しながら両方をまとめていく。レフリーの語

※TMO…テレビジョンマッチオフィシャル。レフリングの判定が困難な場合4，5台のカメラを使用し、録画された試合映像を確認して判定を下す。

源はrefer（レファー）、これは委託するって意味。ぼくらはお願いしますって委託された人。「なんか揉め事があったら、落としどころつけてくださいね」ってことです。

大槻　前提としてプレーヤーがルールに則ってやりますってところだが、全員が全員そうではない。隠れたところで殴ろうと思えばいくらでも殴れる。けど前提は自分たちでちゃんとやろうってこと。レフリーの仕事は80分間をうまく調整すること。判定をすることももちろんレフリーの仕事のひとつだけど、割合としたらぼくは感覚的に3割くらいが判定。あとの7割は調整かな。

清水　ぼくは試合前にチームに自分のパーソナリティを紹介したりして4割くらいかってる。あとの6割は笛とか言葉とか、仕草とか。選手は「今日は大槻きたからだまっとこ」とか「久保ちゃんきた、やさしいからしゃべってみよ」とか「清水塁きた、会話できません」とか思う。（笑）

大学なんかはそういうところをちゃんとチェックしている。レフリーが誰かによって作戦立てたりね。ただクラブチームだと誰だかわからない。だから自分のパーソナリティとか雰囲気とかを出す。「今日はスクラムちゃんと組みましょうね」とか「今日は楽しくやりましょうね」とかね。それには服装※とかが重要だったりする。

※…レフリーの服について：トップリーグはレフリーの服が３色あり、チームのジャージと被らないように着ている。毎年、色が変わる。

サンダルに短パンで「今日レフリーやります」なんて行くと、「はあ？」ってことになる。「絶対言うこと聞いてやらん」ってなる。1個ミスったりすると、「ほらーっ」て、ゲームがぼこぼこになったりする。でもブレザーなんか着てくと、河川敷でやっても「今日はちゃんとした人が来たからちゃんとやろう」ってことになる。選手がこの人信用できるなって思ったら、だいたいゲームはうまくいきますね。

大槻　存在感って絶対的に必要。結果的に存在感がないほうがいいと思うけど、選手は空気を読んでプレーしていると思う。ぼくは高校生のとき先生の空気を読んでいた。「この先生いける」って思ったら教室で早弁しちゃう。それと同じようなもんで、プレーヤーもこっちの心の隙間に入ってくる。こいつやばいって感覚的にわかる。ぼくらはパーソナリティや個性をつかいながら、プレゼンス、存在感をどうつくっていくかってことを日々やっている。「反則はやらせないよ、やったら吹くよ」ってね。

反則はたくさん起きるって言ったけど、ぼくらはできるだけ吹きたくない。ゲームが止まっちゃうからね。例えばタバコ吸ったやつ見つけるのは簡単。こいつ臭いってやつを追えばいいだけだから。吸うのを止めないならせめて学校のなかで吸わせないためにはどうしようって考える。この仕事がまさにレフリー。自分の個性を使いながらタバコ吸わせないようにするにはどうするか、って考えるってこと。だから話もするし、「さっき火は点けてないけど、くわえてたよね」っていうことをゲーム中にやってる。で、火を点けたら笛を吹く。

試合中話しかけたり、逆にしゃべらないで、いきなり「やべ見られてた」って思わせることも必要。理想としては、高校生のときにいたベテランの先生。「おい」って言うだけで〝シーン〟みたいな。まあ「御領園昭彦」って言うんですけど。（笑）「御領園きたらしょうがない、この人にあずけよう」っていうところにいきつくのが最終的なぼくの目標。憧れかな。

工藤　ぼくが秩父宮で初めて吹いたとき、若いからたくさん吹いた。自分では満足していたけど、そのときトップだったのが真島進さんって人。「真島さん、どうでした？」って聞いたら、「俺のコメントを求めるのは10年早い。何十年かして、キックオフの前、ピッチの真ん中に立っただけで、ゲームの雰囲気をつくれるようになったら本物のレフリーだ」って言われた。「そんなことあるか」って思った。そりゃ走れるほうがいいし、ジャッジは正確な方がいいに決まってるって思ってたけど、レフリーってそれだけじゃないんだって思いましたね。

清水　ぼくの憧れは斎藤直樹先生。変なおっちゃんで、いまも半端ないけど。ワールドカップ吹くために自転車で菅平※に行った人です。日本人で唯一ワールドカップを吹いた人。ぼくも片道だけやってみたけど、帰りは無理だった。自転車を車に乗せて帰った。先生と同じことをやってもトップにはなれないけどね。

後藤　レフリーって、ラグビー部の顧問やってたとか、現役引退して、っていう人が多かったけど、海外いくとみんな若い。10代とか、高校生くらいからジャッジに入って22、23でトップ目指す子も多い。でも日本はトップの平均年齢が高いですよね。平栗みたいな大学生とか増えてきているから、彼らを育成しないといけませんね。

大槻　歳とったら走れなくなるけど、逆にその場をうまくやる力は増すので、バランスはよくなる。正確な判定ができたら試合はまとまるかっていったら、実は違う。あまり知らない人は、レフリーが正しい判定を積み上げればゲームはうまくいくって思われているだろうけど、確かにそれも真実だけど、そうでもないことも多い。例えば、工藤さん※みたいに年配のほうが人生経験豊かだから、いろんな修羅場をくぐりぬけて今に至っている。（笑）

トップリーグなんかは年ごとにスピードも増していて、それについていかないといけない。若ければいいわけじゃないし、歳とらないと身に付かないこともありますよね。

※菅平…ラグビー夏合宿のメッカとも言われる高原。総グラウンド数は１００面以上。東京から菅平まで約250km。うち100kmはひたすら上り坂。斉藤氏はこれを往復走破した。

※工藤さん…工藤隆太レフリー。試合後、出待ちされ花束を渡されたとか……。

——最後に、今まで吹いた中で勝敗に関わらず印象に残ったゲームを伺った。

久保　満足したゲームはありませんね。勝ったチームは「よっしゃ!」で負けたチームは「くそー!」ですから。ぼくらには勝ち負けがないんです。終わりがない。いいゲームっていうか、これで満足ということはないですね。負けたほうも今日はゲームに集中してやれたかなって言われると、よかったなって思う。

逆に自分自身が納得できないゲームは多いです。自分が納得しないからこそ高みを目指す。次はこうしようって。

高橋　やってる選手たちや観てる人たちに楽しんでもらえればいいのかなとは思ってます。全員が全員、喜んでくれるってことはないけど、できるだけそこに近づきたい。みんなが楽しむゲームを作り上げていきたいと思います。

清水　試合が終わったときに、「サンキューレフ、ありがとう、今日よかった」って言われる時が一番だと思う。ダメなのは、ネットの掲示板とかに「要注意人物」とか「あいつは金もらってる!」みたいなこと書き込まれたとき。ぼくは結構そういうのに敏感なんです。(笑)

大槻　いろんな人がいると思うけど、ネットの書き込みなんか便所の落書きでしょ。

清水　試合観にきてくれた人のブログとか見ちゃうんですよ。スタンディングオベーションだったとか書いてくれているとよかったと思いますが、「なんだこのくそレフリー」と書き込まれていると落ち込みます。（笑）

御領園　80分間があっという間にすぎて集中できてたときはいい試合だったんだろうな。逆に仕事のことや余計なことが浮かんできて集中できていなかったときは、あんまりうまくできなかったんだなと思う。ゲームに入り込むっていうことじゃないんだろうけど。以上シーラカンスの言葉でした。（笑）

大槻　この試合がすごくよかったたっていうのは全然ないです。ほんとにパーフェクトなゲームできたら、その場で辞める宣言をするでしょうね。ぼくは永遠にないと思います。だからたぶん続けている。パーフェクトゲームなんかあり得ない、みんなそうだと思っているはず。いつも試合が終わったら枕を涙で濡らしながら。（笑）

逆にだめだったなっていう試合は、星の数。どうしても噛み合わない試合ってある。一体感がでてこない。みんな見ているベクトルが違う。これはもう感覚的な問題ですね。学級経営でいえば学級崩壊。そんな試合もたくさんやっている。それはやっぱりダメな試合だと思う。仮に満足している人が多かったとしてもね。感覚的な話でごめんなさい。

後藤　やっぱり悪い試合は数えきれない。両手で数えるどころじゃないくらい。逆にいい試合って、やるのは選手だから選手が判断するし、ゲームの中身にもよる。勝ち負けにこだわるのか、ラグビーをやりたいからやるっていう試合なのかにもよるんでしょうね。例えば高齢の方々の試合なんかは赤いパンツ※はいている人とか、たかが10分、5分の試合でて、終わったあと酒飲んで帰るけど、楽しんでる姿を見ていると、レフリーやっててよかったなって思う。

工藤　レフリーって枠があって、そこにぴったりはまってくるっていうものじゃなくて、判定は主観じゃないですか。吹いたときに「選手がしっかりやろう」とか、「自分たちで規律を守ろう」としてくれたときは気持ちよく終われる。逆に吹いたときに選手がこっちにあわせてこないし、こっちも考え過ぎてチグハグになる時はよくない試合になる。選手が自分たちでちゃんとやろうって思えば反則も少なくなるし、ゲームも流れるし、見ていても楽しいし、そういうゲームが一番いい。常に自分の試合はそういう風にしたいなって思っていますね。

大槻　そういえば南アフリカ戦以降、五郎丸のルーティンが話題ですが、ぼくはルーティンをつくらないことがルーティン。一年くらい前、サッカーのレフリーの西村雄一

※…シニアラグビーのこと。40歳以上のプレイヤーをさす。年代別に色分けされたパンツを履く。40代は白、50代が紺、60代は赤で、70代は黄色、80代は紫、90代がゴールド。

さんとFMラジオで話をしたんです。あの方は「右足からグラウンドに入ることがぼくのルーティンです」って言ってました。理由を伺うとどんな試合でもそういうことを考える余裕が、〝自分大丈夫だな〟って思えるんだそうです。ぼくは何にもないのがルーティンですが、せっかくその話を聞いたんで、「じゃあぼくは左足からはいります」って言ったんだけど結局一回もやってない。（笑）ルーティンを決めると、忘れたときに不安になるんじゃないかと思う。例えば試合の10分前にお祈りをするって決めてるのに、交通事情で会場入りが遅れてできなかったとか、海外にいったら10分前に必ず食べるものが売ってなかったとかなったら不安になるでしょ。

久保　ぼくは、ひとつだけ絶対やるのがトライなり決めたときに、ゴールキック狙う前にプレーヤーより先に戻ること。トライした地点からゆっくり決めた線まで戻るんです。当たり前の動きだけど、どのゲームでもそのシュチュエーションは変えない。自然とゼロに戻るっていうか、リセットするっていうか。さっきはこうだったから次はこうしようって思いを巡らす時間にしています。

御領園　最後にレフリーは楽しいって読者の皆さんに言っておいてくださいね。

ケガや引退した後に、レフリーというきつい道を選ぶ理由。

それは誰よりも真近で「ラグビー」に関わっていられるからである。

いろいろな試合があるが、選手の一番近くにいるレフリーに注目すると、また違ったラグビーの楽しみ方が出来るのかもしれない。

サクラセブンズの女子たち

浅見敬子
東京都立富士森高等学校→日本体育大学卒
現役時代はスクラムハーフ、スタンドオフ
2012年より女子代表監督を務める。

中村知春
神奈川県総合高校→法政大学卒
スクラムハーフ、スタンドオフ
2012年より女子7人制代表キャプテンを務める。

ラグビーにはもちろん女子ラグビーもある。その現状やそこで戦う女性たち。リオオリンピック出場を決めた「サクラセブンズ」の監督、キャプテンに伺った。

――浅見監督にお伺いします。ラグビーの魅力とは？

浅見　自分が身体を張って、ボールを活かせる方がトライをとる、そんなところに魅力を感じます。いろんなスポーツがある中で、ラグビーは身体をぶつけてもいいし、相手を倒してもいいし、何でもあり。始めてすぐ魅力に取り憑かれ、一緒にやってる仲間との絆や格闘技的なところも、他のスポーツとの違いを感じますね。

いま指導者側に立ってみても、可能性を秘めているスポーツだと思います。他競技から来ている選手※が「自分がもっているもの」を活かせる。逆の場合は難しいですが。サクラセブンズにはバラエティがあります。粘り強さ、タフさ等がサクラセブンズのウリ。

――中村キャプテンにとってのラグビーの魅力は。

中村　ラグビーは入社と同時に始めました。自分の入社歴と一緒で5年目。私が他競技組だから思うのかもしれませんが、ラグビーは究極のスポーツだと思います。痛みをこれだけ伴うスポーツは他にないですよね。ほんとに痛いのに、20歳そこそこで

※…サクラセブンズは他競技出身者が多い。
中村知春はバスケットボール、
鈴木実沙紀は新体操、桑井亜乃は円盤投げなど。

選手生命ぎりぎりのケガをしても、ゾンビのように這い上がってくる。ストーリー性を感じるし、格別な絆を感じます。

―絆はチームで培われるものですか？

中村　そうです。あとはやっぱり世界的に見ても女子ラグビーは歴史が浅いので完成されていない可能性があります。世界のチームのランキングも1年で替わるし、国内の力もグルグル替わる。私たちも1年ですごく成長できているって実感しています。可能性の大きさを感じますね。

―なぜ痛いのに、続けられるんでしょうか。

浅見　痛い前に面白いから。ボールをもって、ぶつかっても抜いていく。人にぶつかってもとにかく得点するためには、何でもやっていいのがラグビー。だからどんなに大きなケガをしても、手術して、リハビリから復帰して、また痛い思いして手術して……繰り返しラグビーに戻ってくる。目標はケガをしない身体、エディージャパンも身体づくりをベースにやっていましたね。私たちのチームもまず「走る」ことをベースにしています。浜とかで走る※。「世界で戦える身体の強さをつくろう」、練習の半分くらいはそういう時間にしています。今回の合宿、ほとんどボールにさわっていないかな？　後半はさわってるか。（笑）

※…砂浜でのほふく前進やランニングなどを行った。

中村　大ボスのコーチが鬼のようで。（笑）

浅見　辛いことは辛いんだけど、前向きに「一緒にやりきろう！」って思えたり、やりきって。それで、結果がでてくるから凄い。

私たち選手も指導者側も世界一をめざしてやっています。環境面も世界に胸を張れるチームを目指している。年間３６５日あったら、３００日近く集まって練習しています。もうほとんど家族ですね。家族といるより長いかもしれない。そのなかでももちろん競争しています。トップの子たちが底上げしなくちゃいけないんです。

――家族というと、浅見監督はお母さんですか

中村　お母さんはもっとやさしい。（笑）　家族が一番しっくりきますね。20人くらいが集まったら、みんな同じではないです。いろんな人がいるからぶつかったりもするけど、ずっと一緒にいるので、言い合いもできるし。家族みたいな感じなので、いざとなったら、お互いを守ってあげようとも思う。誰かがこけそうになったら、ひっぱりあげられる仲です。

浅見　昔の女子ラグビーチームは少なくて３００人くらい。それが今は子どもをいれて、協会登録の女子だけで３０００人。各県でようやく増えている。私たちもオリンピックを決めたし、国体が始まったりするので、スクールでやりたいっていう女の子が

増えています。各県に女の子がいるって昔じゃありえなかったですもん。

――ラグビーをはじめてから身体つきはかわりましたか？

中村　コンタクトがあるスポーツとないスポーツとでは全然ちがいますからね。体重も5kgくらい太ったし、肩幅もこんな。社会人1、2年目のスーツが着れなくなりました。（笑）

――女性選手からみて、男性の選手っていうのはどういう風に見えますか？

浅見　男性女性っていうより、ラグビープレーヤーとして繋がっている感じ。男性として見ているよりも、一人のラガーマンとして学べるところがあります。ピッチのなかでも、外でも。

――男子との交流はありますか。

中村　あまりないです。ただ人づてに話を伺ったり、試合を見ていたりする中で、素晴らしいプレーをする人は、ピッチの外でも素晴らしいラグビープレーヤーなのかなって。例えば廣瀬さん※の話。自分の時間をすべてチームのために使って…っていう話をきいていると、廣瀬さんみたいな人が、ラガーマンの象徴、存在だと思うし、尊敬しています。

浅見　そうですね、ラガーマンだから、という目では見ていません。人間としての立ち

※…廣瀬俊朗。2015年　前日本代表キャプテンを務める。

居振る舞いです。同じラグビーに携わっている人間として勉強させてもらっているところがあります。セブンズの男子の代表と大会が一緒になることが多い※。だからお互いに応援します。実際東京大会にも足を運んでくれた男子選手もいました。一緒に練習したりすることはないんですけど。まずは五輪に両方でるっていうのが目標だったので、お互い頑張ってくださいっていう気持ちはすごくありました。

――お互い尊敬しあっているんですね

浅見　最初のころは、学ぶばかりでした。男子の瀬川コーチ※にも指導していただくことがありますが、瀬川さんが中村のことを男女あわせても一番「タフな人だ」って（笑）。精神的にも肉体的にもタフ。女子がこれだけ粘り強くやってるぞ、俺たちもやろうぜって映像を男子に見せて喝を入れるんだそうです。感謝しています。

――ポジションごとに性格の違いはありますか

中村　ちょっと坂道を使った、えぐいトレーニングをやりました。先にバックスがやって、次の日にフォワードです。バックスは黙々とやっていましたね。コーチ陣に「ほんとにこれいいんですか？」なんて疑いのまなざし、斜に構えながらやるみたいな感じで。（笑）

フォワードはおちゃらけながらも、ニコニコしながらやってて、素直でいいなっ

※…瀬川智広。2012年よりラグビー7人制日本代表ヘッドコーチを務める。

※…7人制の大会は男女共催で行われることが多い。

て。（笑）大きな違いはないです。バックスには「四の五の言わずにやれよ」って。フォワードは、それを「馬鹿になれる強さ」なんて言っています。（笑）

フォワード同士、バックス同士で男女合同に練習させてもらったことがあります。バックスは誰も喋らないけど、フォワードは和気あいあい。「こうしたほうがいいよ」なんてすごく仲良くなりました。バックスは2時間おわっても全然仲良くならなかったけど、フォワードは肩組んじゃうくらい仲良くなってましたね。

――バックスは淡々とやるのは何故でしょう

浅見　フォワードはすぐ横で言葉でコミュニケーションをとります。でもバックスは1対1で、個人の能力の高さを見せなければいけない。緊張感があるのかもしれないですね。どっちも見ていると温度差があるのは確かです。

――たとえばどんな選手がいますか

浅見　バックスと言えば、ウイングに山口※がいます。彼女は目立ってなんぼのところがあります。女性初のプロなので目立たないといけない。そういう性格ではないが、一人だけ茶髪にしたり、身なりも派手にしている。典型的なバックスかもしれませんね。淡々としている。男子もそう。俺が目立ってなんぼっていう世界。バックスにはちょっと変わった人が多いです。自分の世界、自分のスタイル、自信を持って

※…山口真理恵。女子７人制日本代表バックス。

います。どう打開していくか、切り抜けるかっていう局面では〝小技〟を持っていないといけませんからね。

中村　結婚するならフォワードですよね。（笑）

浅見　フォワード、とくにプロップかな。（笑）　プロップかフッカーがいいな。

フッカーをやったことがあるんですけど、ここはいろんなことをやります。スローインをやったり、フッキングしたり、スクラムの中でボールをけったり、とか。多様な組み方があって、「俺はプロップとはちがうぜ」っていう感がある。プロップの人たちも結構こだわりがある人が多いですけど。前に日本代表のプロップに来てもらった時に、「いつ終わるの？」って。（笑）　つかみ方とかだけで一日終わっちゃう。独自の組み方とかにすごくこだわるんです。

――今の男性コーチはどのポジションが多いですか？

浅見　やっぱりフォワードかな。でも、身体接触もあるし、男性コーチへの依頼は悩みます。男子の日本代表のトッププレーヤーだった人にお願いしても、私たちが目指すラグビーにははまらなかったりすることがありますから。いままではフォワード出身の方が多いですね。いわゆる女性を大事にしてもらえるって言うのか。（笑）ラグビーってどうしても男子のスポーツ。「男子がやってることをやればうまくなるよ」って簡単に思う人が結構いる。だけど、走り込んでいる彼女たちのそういった強さを尊敬しながら、強くしてくれる方がいいですね。

――監督という立場で気をつけていることは

浅見　人間性ってところが大きいかも。私も女性だからなのかもしれませんが。男性よりは公平不公平がすごく目につきます。「あの子とあの人話してた」とか、「あのコーチはあの子とばかり話してる」とか。男子はそんなところは関係ないですけど、女性はデリケート。いろんなところにアンテナを張ってなくちゃいけません。男性スタッフも「監督ならまずどう思うか」ってところを聞いてくれたりします。

――印象深いエピソードは？

中村　うーん、この間の初めての国際大会※ですかね。これで人生が変わるくらい大きな結果になった。アドバンテージがあったとはいえ、ホームの試合。その前日、コーチからユニフォームを手渡してもらえるジャージプレゼンテーションをやりました。その時かけてくれた言葉が胸に残っています。「選手からお客さんにがんばれよって声をかけられるくらい、ゆとりを持て。来てくれる人たちの代表、日の丸をつける選手なんだから」って。その言葉で心が軽くなりました。応援席の人たちの顔が見えるようになりました。

※…女子７人制ラグビーアジア予選日本大会のこと。

浅見　私もその大会は緊張してました。優勝できたけど、緊張は半端なかった。まわりからも日本の優勝は当たり前って思われていたけど、私たちは「負けの怖さ」を知っています。セブンズって14分しかないんです※。たった14分の中で流れを取り戻すってすごく大変です。「流れの怖さ」が身にしみています。逆にそれでオーストラリアに勝ったこともある。

決勝で私自身も前半おわって、ようやくスタンドが見られたんですけど、OBとか引退した人たちがいて、「浅見〜」と声をかけてくれました。「応援するの、私か〜？」って思いましたけど。（笑）

浅見　「がんばってね」って言葉には温かさを感じました。一緒にやっていた人たちが家庭やキャリアなどで離れていくのは寂しかったです。兼松さん※みたいに子どもを産んでもラグビーを続けるっていうのは、家族の協力もあったからこそ。でもそんな人たちが秩父宮に集まってくれました。後は、ここ（サクラセブンズのメンバー）から外されていった子たちも応援に来てくれて。本当にあそこが日本代表の想いの集結でした。そういったものがなかった香港大会はやばかったですね、スタッフ陣が緊張を隠すのに一生懸命。（笑）　選手がやりきってくれたのでよかったです。

―日本での女子ラグビーがはじまったきっかけは？

※…兼松由香。女子7人制日本代表バックス。

※…15人制の試合は40分ハーフに対し、7人制は7分ハーフしかない。そのうち反則等で試合が止まる時間を含めると実際にボールが動くのは3、4分。

浅見　男子ラグビースクールで子どもを連れてくるお母さんが「自分もちょっとやってみよう」って思ったのがスタートです。協会とは別組織として、女子ラグビー連盟っていうところからスタートしました。２０００年のラグビーＷ杯からやっと協会に入れました。それまでは桜のワッペン※もなかったんです。

――子どもができたらラグビーやらせたいですか？

中村　オーストラリアとかニュージーランドとか、ラグビーが生活の中にはいっている国を見ていると、公園で親子でラグビーしていたり、お母さんがラグビーを教えていたり。そういうのを見るとやらせたいと思います。でも今はそういった土台がまだ定着していません。ラグビー文化が日本にしっかり定着すればベストだなって思うけど、そこまでいくにはやっぱりまだまだ時間がかかる。

浅見　中村はきついラグビーしかやってないから。（笑）

中村　まあ草ラグビーを経験してないからってのも理由ですよね。私の〝楽しいラグビー〟は一瞬で終わった。（笑）　ラグビーのあとお酒飲んだりとかしません。

浅見　男子はアフターマッチファンクション※がしっかりしている。女子はそういうのがなくて。セブンズは一日３試合を２日間やって終わりです。ただ代表は最終試合の次の日には帰ることが多いのでお酒飲んでる余裕はない。朝が早いんです。５時

※…３つの桜のエンブレムのこと。この桜は当時協会の場所があった関東・関西・九州を表している。日本代表結成時はこの桜がまだ「つぼみ」だったとか。

※…試合が終わったあとにお酒を飲んでお互いを讃える。

から準備しなくちゃならない。去年は優勝しても、飲みに行くのとかどうでもよくなって。中村さん筆頭に飲む子は多いです。飲んで楽しくの時間をなかなか選手に与えてあげられないのは辛いですけどね。

――選手同士でラグビー以外のどんな話をしますか。

中村　普通の時間に集まってカフェ行ってパンケーキ食べて……なんてやってるけど、気がつくとラグビーの話しをしています。「今日はラグビーの話をやめよう」って決めても、2分後にはラグビーの話しをしています（笑）。ラグビーが生活だから。恋愛話とかないんですよね（笑）。

W杯見てても、「この選手かっこいい」とかって話になりません。「今のは2つ前のプレーでこうやってればよかったんだよ」とかおじさんみたいな話ばかり。この前のW杯もずっと合宿だったたから、夜中の試合は見れなかったけど再放送を休憩の時に見ていました。ラグビーが好きな子ばかりなんです。

――「ラグビー馬鹿」、なんですね

浅見　典型的です。早朝練習して、朝食食べて、午前中練習して、お昼食べて、また練習、夕食食べて、練習……と四部練やっています。途中でオフをいれることもあります。トリートメントっていって休憩を入れるケアを。なのにオフ中トレーニングをしていたりして。男子って学校の部活でラグビーをやっていた人が多いんです。でも彼女たちは男子と一緒の経験値がない※。女子ラグビー部があるところは少ないから。だから休みをとらせても、練習しています。ケガをしている子も練習の前で自主トレしたり、ほんとにラグビー馬鹿。（笑）

――練習漬けなんですね

浅見　練習漬けだけど、ラグビー以外のところも充実させてあげたいですね。少しずつ人間性を広くさせる活動、というか。いろんな経験をしてきている子が多いけど、もっともっといろんな経験をしてほしい。たとえば、ボランティアとか。ラグビー以外のところをもっともっとやらせてあげたい。ただラグビーだけ強くなるのではなく。人間性も成長する上で金メダルにつながればいい。

――リオオリンピックへの目標は？

中村　金メダルです。チームができてから5、6年ずっと追い求めています。これは絶対目標。世界の中の日本、ようやくワールドシリーズに参加できました。でもカラーがない。日本はこういうチームだっていうカラーを、日本らしい闘いをもって「世界から恐れられる」チームになりたいなって思います。

浅見　絶対的なものがハードワークからくるフィットネスです。そしてそこにのってく

※…男子と女子の練習が別々になっていくため。

る緻密さだとか、セットプレーからの奇をてらうプレーとか。ハードワークの中から色が出てくればいいなと思っています。

彼女たちもラグビーバカ、なのかもしれない。

リオオリンピックにも出場が決まり、世界へ躍進する彼女たちの姿は輝いている。

メンタルコーチという女子

荒木香織
兵庫県立大学環境人間学部健康スポーツ心理学准教授。
男子ラグビー日本代表（2012～2015）メンタルコーチ。

五郎丸選手のルーティンで一躍時の人となった荒木氏。
その仕事である「メンタルコーチ」とはいったい何なのか。
また選手の「心」の一番近くにいた彼女に2015年W杯当時の話などを聞いた。

――日本代表チームではどのようなお仕事をされていたんですか。

荒木　メンタルコーチとして招集されました。代表ではメンタルトレーニングのコンサルティングが主な仕事です。トレーナーと言う言葉は、治療するわけではないので使いません。チームではメンタルコーチという肩書きです。

カウンセラーや臨床心理士ではないので心的な疾患を治す立場ではありません。あくまでも選手とコーチの話を聞きながら、どのようなスキルやトレーニングが適切であるかという話をすすめていく、複合的なメンタルトレーニングコンサルタントがメインです。

――代表チーム全員にアドバイスされるんですか。

荒木　2012年から代表とかかわったのですが、4年間で80人前後の選手が招集されています。報道では選手と少しだけ話をしてアドバイスをしているように見えますが、実際はものすごい量の文献を読み、選手の状況にあった内容を探すために、関連の理論を網羅するのでその準備は大変なのです。一人ひとりの報告書も書きますし、チームの運営にもかかわっていたので、物理的に全員の選手のコンサルテーションは無理です。私のような立場の人が5人くらいいるといいのですが、実際には相談にきた選手と一緒に課題を対処していくのが実情です。

チーム全体をサポートしていくのも私の仕事だったので、コーチングスタッフのリーダーシップと選手のリーダーシップの、二本立てのリーダーシップグループを作りました。選手のリーダーシップグループをどうまとめていくか。チームにどう反映していくか。選手のモチベーションを維持したり、高めたりしながら、選手同士や選手とスタッフのコミュニケーション、ゲームプランについて理解しておくことや試合の準備、試合中の判断、試合が終わると次の試合の準備など、そういうところはすべてメンタルなので、すべてに関わってきます。

——選手には荒木さんから話しかけるのですか。

荒木　エディさん（当時の日本代表HC、エディ・ジョーンズ）から頼まれることもあるし、選手からあいつと話をしてくれってリクエストされることもあるし、自分から私のところにくる選手もいます。私からはいきません。自分から話そうと思わないとだめなので……。メンタルトレーニングもフィジカルトレーニングも一緒です。いままではフィジカルトレーニングを通じてメンタルは鍛えられると思われていましたが、決してそうではありません。ウエイトトレーニングなどと一緒で必要と思えば自分でやるだろうし、必要ないと思っている選手にやれって言ってもなかなか取り組んでくれない。それと一緒です。

――エディHCから話をしてくれって言われるときは、選手にどんな問題があるときですか。

荒木　問題という言葉には語弊がありますね。前向きに課題に取り組みたい選手に話をするのであって、心理的に問題がある選手はひとりもいません。このあたりが臨床心理とかカウンセリングとのアプローチの違いですね。

――具体的には。

荒木　がんばりたい人がもっとがんばれるようにする、パフォーマンスの向上を目指している人のメンタルの強化を目的としています。普通の暮らしをしている人がジャージに着替えて練習にこれるようにするのが最低限のレベルです。最高は日本一、世界一を目指すためにはどうすればいいかを共に考えることです。

あくまでもフィジカルのスキルを最大限に引き出すためのメンタルトレーニングのア

プローチですから、問題がある選手がくるわけではなくて、スキルや実力を出し切るためにはどうするかを聞きにくるのです。

出し切っているのに、実力出し切れませんでしたという選手もいます。選手が自信をもってプレーできるためにはどうするかってことです。

――実力を出し切っている選手に、そこが実力の限界だとどうやって伝えるんですか。

荒木　限界を決めているわけではありません。もっとできるはず、という選手もいますが、現状を理解しておかないと発展はないし、今どれだけできるか、過去どれだけできたのかを理解した上で、今はいい感じじゃないんですか、というような働きかけをしてみると、選手は自分で考えてくれるし、わかってくれる。まわりに期待されていて、自分で思い込んでいる場合もあるし、よく考えてみたらこんなもんかも、っていうこともあるし、逆にここからでいいんだっていう選手もいるし。

あなたは出来ないんですよ、とかいうわけではなく、今どこまで出来ているかを確認させてあげることが大切ってこともあります。

――影響のない程度で具体例をあげることはできますか。

荒木　守秘義務があるので、あまり具体的な話はできないんですが、私が特定の選手の話ばかりするので、なんでぼくの話をしてくれないのって言われます（笑）。私の専門は心理学なので言葉の使い方を大切にしています。決してドラマチックにはなりません。メンタルコーチなんていらないっていう選手もいますし、私がずっとチームにいたのを知らないという選手もいました。でも最後はみんなわかってくれていましたね。

日本ではこのスポーツ心理学は発達していますが、現場でのコンサルテーションについては、浸透していません。私たちはアメリカでスポーツ心理学の学位を取得し、現場での働き方についてのトレーニングを受けてきたはじめての世代です。日本のいままでのこの分野は臨床心理学やカウンセリングの先生で、スポーツが好きだからとか、体育の先生がスポーツが好きで研究してきたというもので、欧米の学問のベースとは違います。日本は体育がベース。「体育」を「スポーツ」と言い換えればいいかっていうとそういう単純なことでもない。西洋の流れにのって、「スポーツ科学」が理解されていないことが、うまくのっかってこない理由のひとつだと思いますね。

西洋のほうが合理的な面もある、そのトレーニングをうけて活動して結果が出たので、はじめて注目されたが、メンタルコーチは病んでる人のもの、といういままでのイメージを払拭したい。

――まだまだ日本では理解されていないということですね。

荒木　トップスポーツは勝ってなんぼの世界なので、勝たすことが私たちの仕事です。メンタルはいらんよ、っていう選手もいますが、ワールドカップが終わってからはずいぶん状況が違いますね。

それこそ途中まではチームの運営などをやっていたので、リーダーとは話すことがあっても個人的に選手と話すことはあまりありませんでした。全員と話していなかったので、なんでこういうことをやっているのかを理解せず、リーダーからこれをやれって言われたからやっていた、という選手もいたと思います。もともとメンタルトレーニングを受けてるって理解してやっている選手は少なかったと思いますね。

――陸上や水泳だと記録で効果があらわれますが、球技の場合はわかり難いと思うんですが。

荒木　それは選手を見ればわかります。たとえば、廣瀬さん（廣瀬俊朗　日本代表前主将スタンドオフ）は、ワールドカップで一回も試合にでませんでしたが、代表から帰って来て「ラグビー上手になったよね？」って聞くと、「自分でもうまくなったと思う」って言いました。あの程度のプレッシャーだと物足りないって。（笑）

もともと記録であらわせない競技です。数値とかスコアにあらわれなくても、スキルが向上したとか、プレイがうまくなったとか、どこかで行動がかわったとか。心理とは人間の行動ですから、行動が変わることで向上がわかります。

反対に陸上とか水泳のようにタイムがでるほうが、メンタルが強くなってきても、見えにくかったりします。準備がうまくできても向かい風がきたらアウトです。他の環境に左右されることもあるので、個人競技のほうが難しい場合があります。

――メンタルトレーニングを自覚できる人と自覚しにくい人がいると思いますが。

荒木　素直かどうかですね。チームに貢献したいと思える人、新しいことを取り入れてもいいと思う人、違うものの見方をすることに躊躇しない人のほうが新しい自分を発見しやすい。柔軟性がある人のほうが伸びますね。身体のトレーニングと同じで、新しいトレーニングを、何これと思うか、これで伸びるかもしれないからやってみようと思うかと同じです。

――考え方を変えるには。

荒木　仕事と同じです。ものの見方や受け止め方を変えていくことです。受け入れるツールを増やしたり、課題があったときに対処するためのメンタルスキルを増やすことです。

エディさんの私に対するリクエストは日本代表のマインドセットを変えることでした。ものの見方や受け止め方を全部変えていくことでした。エディさん独特の考え方に日本選手があわせていかなければならないところと、日本人特有の考え方をエディさんに伝えていく必要もありました。どちらかというと、選手のものの見方や受け止め方、考え方をエディさんの考え方に変えて、ついていかなければならないということは選手に伝えました。エディさんにものが言えたのは私だけだったらしいです。（笑）

エディさんに言われたことは、選手のメンタル強化もそうですが、コーチのストレスを軽減したり、リーダーシップの取り方についてコンサルティングしていくのも仕事のひとつでした。

エディさんが一番きらいな言葉は「がんばります」です。日本人はすぐに「がんばります」って言うけど、何をどうがんばるのかわからない。エディさんが求めたことは、選手が具体的に「○○についてこうしたほうがいいと思うから、こうします」って言えることなんです。選手が「がんばります」でミーティングを終えると、エディさんは、コミュニケーションもとらない、自分の意思もはっきり伝えることもできない、まるで子どもみたいだって言ってました。

――具体的に変化はどんなところにあらわれましたか。

荒木　自分で考えるようになってきたことですね。自分で考えないと質問も出てこないし、「これをします」って言えません。これまでの日本のラグビーは「考えないで、動いていたらいい、とにかく何も考えないでつっこめ」っていう指導でした。だから、いまさら考えて動けと言われても動けない、何をどう考えていいのかわからない、という選手が多かった。

――ラグビーは頭がよくないとできないスポーツというイメージがありますが。

荒木　戦略や戦術に関しては頭のよさが必要ですが、理解しただけでは、怖くて突っ込んでいけないっていう選手が多かったのも事実です。ボールキャリーをしなくちゃいけない人が、ビビって動けない。どうしても怖い。あと1㎝前に出ればいいのに、その1㎝を怖がっていた。ボールを持った瞬間に相手にぶつかってこられる。最前線の選手が怖がっていたらラグビーになりません。まずは何が怖いのかを考えるトレーニングをしました。なにも最前線がフォワードの選手とは限りません。ボールを持った人が最前線です。選手全員に言えることですね。

――フォワードは恐がりというより、我慢強くて、忍耐強くて、ひょうきんものが多いと聞きますが。

荒木　そうかな。最後はあたってますね。フォワードは耐え忍ぶ必要があるポジションです。そこから楽観性を見いだしていかないといけませんからね。心理学的にみれば楽観的な人は多い。

もともとラグビーのポジションは体型からはいっています。太めな人はもともと楽観的傾向があります。心理学でも太めには神経質な人はいないって言われています。細い人は比較的神経質。胸板があつくて肩幅ひろい人は外向的で楽観的って言われている。それがラグビーでは一層、顕著になるのかもしれませんね。

――痛みと楽観性はどうやって折り合いをつけるのですか。

荒木　痛み、それをどう受け止めていくかですね。楽観的でないと耳はつぶれるわ、痛いわで、とてもやってられないと思います。タイトファイブ（フロントロー、セカンドローの5人）は楽観的かもしれないですね。

――これまでの取材で共通しているのはフォワードはおおらかで我慢強く、バックスはお茶目で自分を持ってるということですが。

荒木　ラグビーにおける性質や性格と普段の生活を送るときの性質や性格は違います。これは気をつけないといけません。プライベートの話はラグビーにあてはまらないのです。このことは研究でわかっています。ロックは試合中ほえるが、プライベートではおとなしい。ラグビーという競技がそうさせるんです。

ポジションの特徴だったら話せますが、プライベートをかませるとめちゃくちゃになります。試合中とプライベートではまったく性格が違います。

見た目から言うと、お茶目なタイトファイブはいっぱいいても、男前のタイトファイブっていないですよね、大変申し訳ないけど。無口なバックスもいますよ。逆によくしゃべるロックもいます。普段でも試合中でもべらべらよくしゃべる。強いチームの選手は多弁です。五郎さん（五郎丸歩）もよくしゃべる。

――結婚相手にするなら、どこのポジションがいいですか。

荒木　どこのポジションでも結婚してるから、好みの問題でしょう。ラグビー選手は結婚が早い。めっちゃ早いです。それに奥さんがきれいな人が多い。選手はなぜか美人と結婚する。なぜでしょうね。（笑）

――仕事的な見地から荒木先生にとってのラグビー男子っていうのはどういうイメージですか。

荒木　私は幼い時からラグビーファンで、ジャパンの選手よりも昔の試合とか詳しいんです。ミーハーで、自転車で選手のバスを追っかけてました。アメリカとシンガポールに10年いて、帰国したらラグビー選手がみんな年下になっていました。35歳で帰ってきた時には、メンタルコーチの立場だったので、ラグビーファンの立場ではなくなってしまいました。

――一躍有名になった五郎丸ポーズの裏話はありますか。

荒木　実は、五郎丸のあのプレ・パフォーマンス・ルーティーンはすごく長い月日がかかっているんです。ワールドカップ直前に全て決まりました。私は陸上競技の短距離選手だったんで、最後の詰めの大切さはわかっていました。ラグビーの人はそれに比べると大雑把なのできっちり詰めることをしませんでした。強要しても仕方ないので放っておいたらエディさんから指示が入った。五郎さんもそこでチームスポーツから離れて個人競技的な要素の経験を初めてしたんだと思います。

――選手が心を開くきっかけはどんなときですか。

荒木　時間的なことかな。いつも練習見てるな、試合にきてるなって選手が認めてくれるようになると話をしはじめるようになるんです。

私から話しかけることはないんですよ。私が評価をしてはいけません。私が評価をしない人だと選手が理解してくれて、一番安全な人だとわかると心を開いてくれる。守秘義務があるから他言はしないし、情報も漏れない。内情も良く知ってるし、エディさんとのコミュニケーションもとれている。その辺りを選手が理解してくれると心を開いてくれるようになる。そうすると、エディさんにも奥さんにも友だちにも言えない話をしてくれるようになるんです。男性だからプライドもあるだろうけど、そういうことを私は評価しない。身体が大きくても、痛いものは痛いし、怖いものは怖いし、話してても、「そのからだで痛いとか言うんだ」って驚くこともないし、普通に話を聞いて「じゃあ、どう解決しましょうか」ってことになる。選手間で私の話が広がって、じゃあ自分も話してみようってこともある。

――ノートなどに書かせると状況が変わりやすいんですか。

荒木　人にもよるし、状況にもよります。まったく書かない人もいます。詰めないといけない、どうにかして早く解決しないといけない状況のなかで、目からはいってくる人もいるし、耳からはいってくる人もいます。聞いていても全く頭に入ってなければ書いてもらったほうがいいし、いろいろなタイプがいますね。トレーニングが終わって「今日何の話をしましたか」って聞くと、「えーと、なんだったけ」なんていう選手には書いてもらいます。

――フォーワードの選手のほうが几帳面ですか。

荒木　ここはだいたい分かれますね。バックスの人は書く。フォワードは感覚。畠（畠山健介）なんてまったく何も書かないですから。（笑）

武士（木津武士）も感覚の人。リズムとか感覚を大切にしてる。スクラムも最初は苦労してました。自分のリズムと違うことをやらなきゃならないので、苦労したと思います。

フランカーやナンバー・エイトは大胆な人が多いですね。キャプテンになる方が多いですね。チームの心臓っていうか、要ですからね。

ちょいちょい男らしいのがフランカーとナンバー・エイト。想像性も勇気もある。

ロックは背は高いけど細い人が多い。フランカーは背も高いし幅もある。スクラムハーフは普通のサイズの人が多いかな。わりと小さい人もいますからね。ラグビーの場合、身体的特徴でポジションにわりあてられることが多々あります。太めは前の方で、細身の走れる人は後ろといった具合。

スタンドオフあたりはたしかに昔からスター性のある人が多いですね。15番もそうです。

全体を見通して、かつ、おいしいところをもっていくのが、11番と14番。ここは、ボールをかっさらって走るだけ。だから「かっこつけ」なのかな。（笑）

好みの問題だとは思うけど、結婚するならフランカーかな。（笑）

――お子さんにはラグビーをさせたいですか。

荒木　機会があればやらせたいですね。毎日、まるで交通事故にあっているみたいに思われますが。きちんと指導してもらえば危険なスポーツではありません。うちの子は卓球やバレーボールっていうイメージじゃないし、体育館の外でやる競技がいいかなと思います。私たちは夫婦で陸上ですしね。

彼女の仕事上、選手の性格などは一概には言えないらしい。それでも私たち素人が持っているラガーマンの印象ははっきり否定した。実際の選手には、やはり自分の目で見て自分で判断するのが一番である。

（２０１６年１月インタビュー）

監督というラグ男

中竹竜二
1973年福岡県生まれ。福岡県立東筑高校から早稲田大学。4年まで公式戦経験ゼロで主将を務め全国大学選手権準優勝。大学卒業後渡英、レスター大学大学院社会学修士課程修了。2001年三菱総合研究所に入社。2006年早稲田大学蹴球部監督就任。07年度、08年度と大学選手権連覇。2010年日本ラグビーフットボール協会コーチングディレクター就任。2012年度からはラグビーU-20日本代表ヘッドコーチを兼任。

ラグビーの監督は他のスポーツと少し違う。試合中、スタンドから選手を見つめる。監督が見る景色とはどんなものなのだろう。お話を伺ってみた。

――ラグビーの監督とはどのようなことをするのですか。

中竹　大きくわけると4つの仕事があります。戦略を立てる、選手を選ぶ、指導する、チームを勝たせるということですね。まず大切なのは、どういうチームにするのか、目標は何かを明確にして、選手を選びます。選んだだけでは勝てないので、指導します。指導と言ってもコーチングですね。コーチングも勝たせることと、鍛えることとは違うと思っています。

――この4つ以外にはどのようなことが大切ですか。

中竹　すべてにおいてコミュニケーションは大切なことだと思っています。コミュニケーションをとらないと戦略が伝わらないし、選手も選べず、コーチングもできないということは、勝つこともできないということですよね。

ぼくは選手が主導的に戦うのがラグビーの特徴だと思っています。他のスポーツ（アメフト、バレーボール、サッカーなど）のように監督がグラウンドに降りて指示できないので、いかに選手が自主性、主体性を持って戦うかを大事にしています。ですから、選手に考える力を付けさせることが大切だと思っています。ラグビーは15人という大人数で、しかもさまざまなポジションがあり、多くの複雑なルールがあるので、試合中に指示できない分、いかに準備していくかが大きいですね。

――試合中、観客席ではどのようなことをしているのですか。

中竹　試合の流れを見ています。やろうとしたことはできているのか、選手たちはパニック（緊張していつものプレーができないなど）になっていないか、疲れていないかなどなどです。疲れていたり、調子が悪ければ交代させないといけないし、流れがこちらにきていなければがまんさせないといけませんからね。無線を使ってピッチにいるスタッフに伝えるんですが、すぐに伝わらないときがあります。

――監督の仕事は楽しいですか。

中竹　日々、楽しいですね。戦略を立てるのも楽しいし、指導するのも楽しい。辛いのは選手選考のときです。選手選考って結局、落とすわけです。試合にはみんな出たいですからね。いまぼくは20歳以下（U-20）の代表監督＝ヘッドコーチですが、これは代表チームでも一緒で、みんな代表に入りたいんです。レギュラーから外す、一度呼んで代表から外すって言うのは辛い決断ですよ。

――選び方はどのようにしているのですか。

中竹　カテゴリーによって選び方は違ってきますね。日本代表であればすべてのトップリーグや大学のチームからの選考になるので相当な数になります。ぼくの場合はU-20なので大学1年生が中心になります。高いレベルの試合はできるだけ直接観るようにしていますが、すべての試合を観るのは不可能なので、コーチに行ってもらうこともあるし、ビデオで観ることもあります。

――監督の資質はどういったことだと思いますか。

中竹　ひとりで戦えるかということです。代表監督ともなるとひとりで世界を相手に戦うことになります。あとは勝負に徹することができるかですね。日本人はとくになんですが、選手に好かれたいと思うコーチが多い。選手に好かれて気分よく勝てれば一番いいんでしょうが、選手に好かれようとするコーチがいるチームは弱体化しますね。選手に嫌われても勝負に拘れるかだと思います。そう言った意味で監督は孤独ですからね。ひとりで戦うということはそういうことです。嫌われても勝つという信念がない人はきついと思います。

――印象に残っている試合は。

中竹　すべての試合がそうですが、強いて言えば早稲田の監督をしていたときの3年目に選手がコーチを越えたって思える試合がありましたね。ワールドカップの南アフリカ戦のラスト、ちょうどあんな感じです。直接指示はできないので、トレーナーを通じてキックの選択を伝えたんです。すると、選手たちが露骨に「なんで、いままでチャレンジしろと言ってきたのに、ここにきて守りに入るんだ。やってるのはおれたちだ」って捨て台詞を吐いてトライをとってハーフタイムに意気揚々と帰ってきた。その時に、「こいつら監督越えたな」って思いましたね。うれしかったですね。前の試合で、同じような場面でトライを選択して負けているんです。また同じ過ちを繰り返すのかと、コーチたちは激怒しましたが、ぼくは「彼らを信じよう」と一言だけ言ったんです。指示には従いませんでしたが、誇らしかったですね。

——中竹さんのコーチングの特徴は。

中竹　ぼくのコーチングはラグビー界でもかなり手法が変わってるって言われているんです。合宿中はずっと選手と個人面談をしました。ぼくが選手一人ひとりに聞くことは、プレーヤーとしてどこに目標を持っているのか。キャリアとして20年後、どこにたどり着きたいかってことです。現状はどうなのか、次に何をすればいいかってことです。

個人ミーティングなんで、一人ひとりアドバイスは変わってきます。失敗させて気付かせることもありますしね。選手の中には「こうしたほうがいい」と言っても「いや、ぼくはこう思う」ってのもいますから。当然、常にコーチが正しいわけではなく、逆に本人が正しいわけでもありません。そうした対話を通じてコミュニケーションをとることが大事です。

U-20日本代表のヘッドコーチの時はランチとディナーもコーチ陣で固まらず、選手と話をするようにしました。最初は選手たちも緊張していましたが、普通にできるようになる。そして選手が自分で考えてコーチのいないミーティングができるようになるんです。そうすることで信頼関係が築けたと思いますね。

ぼくはあくまでヘッドコーチとして面談するんですが、メンタルコーチとしての手法をかなり持っているので、早稲田のヘッドコーチのときもかなり駆使しました。例えば、このときはリーダーを集めて二泊三日のラグビーとはまったく違う合宿をしたんです。企業がよくやるリーダー向けのセミナーのようなもので、もちろんぼくも話をしますが、普段会えないような著名な人を呼んだりして、組織のイノベーションとはどのようなものかなどを話してもらうんです。この経験によって選手は、コミュニケーションの大切や思考の大切さを理解するようになりました。

ぼくはいまコーチを指導するコーチもしています。いまの高校生、ユース世代の指導者はぼくのトレーニングを5、6年受けているのでラグビー界に少しずつですが浸透しつつあります。ラグビーに限らず高校の部活動で選手一人ひとりと個人面談するなんて考えは顧問の先生方にはあまり馴染みはないでしょう。教師と生徒が一対一で話すことは珍しい。代表クラスではコーチが当たり前のように選手と話していますからね。

——学生に対する指導とコーチの指導とでは何が違いますか。

中竹　まったく違いますね。コーチはやはり一種のプライドがあるので、放っておくと学べないんです。大人がどうやって学ぶかを踏まえて、手法であったり、方法をきちんと伝えないといけません。理論は講習会のような形を取りますが、具体的には、ぼくがチームの試合を観察して、その後コーチと面談する。一人ひとりと話すという意味では、学生も大人も一緒ですね。

ただ、気を付けて欲しいのは面談をする場合、自分の話を延々とするコーチがいるんですが、それでは面談する意味がない。相手に9割話をさせて、相手の考えを引き出すのが面談の狙いですからね。自分の考えを述べるのであればミーティングでいいんです。面談のポイントはいい質問が組めるかどうかがです。訊くことはほぼ決まっているんですが、相手の答えが出てこなかったときに、引き出すスキルが必要になります。面談の成果は相手がいかに気付くかってことです。気付いた後、人は変わります。

——社会人と学生では教え方に違いはありますか。

中竹　戦略はそんなに変わりませんが、取り組み方がまったく違います。選手本人がどこにプライオリティを持っているかによっても違いますが、部活動なのか、仕事にも反映される活動なのかでは、もともとのスタンスが違いますからね。部活動でも、早稲田のようにすべてを賭けてやってる選手もいますが、ぼくはバランスもってるほうがいいと思います。そのほうが余裕を持ってる場合が多い。すべてを賭けてって言う選手は視野が狭くなってるので、パフォーマンスを持続するのが難しいと思います。

日本では一途な方がいいように思われていますが、ぼくは大反対です。この考え方こそが日本のスポーツをダメにしている原因だと思っています。とくにヘッドコーチは一途ではダメですね。例えば教える側も教わる側もサッカーしか知らないのでは、サッカーは強くならない。そんなことは当たり前で、24時間サッカーはできませんから、何を伸ばすかというと、人間としての考える力とか、自分に目を向ける時間とか、人と話をする能力とかを高めないといけないのです。仲のいいサッカー仲間とだけ話をしていてもコミュニケーション能力は上がらないんです。こんなことを20年前に言っていたら批判しかされませんが、いまはようやく少しずつ変わってきています。

――選手に何を望んでいますか。

中竹　選手はプライベートを充実させた方がいいですね。ぼくははっきりと恋愛しろ、彼女作れって言います。文化に触れることも人と話すことも重要なことです。サッカーならサッカー、ラグビーならラグビーだけでは成長しませんからね。こんな当たり前のことも、面と向かってきちんと話さないといけません。

U-20のチームではパブリックスペース、食堂やミーティングルームではスマホ禁止にしています。言わないといつでもいじっていますからね。意外に大人でもやってますから、スタッフにも言います。そうしないと、ますます会話がなくなってしまいます。

――教え難いポジションはありますか。

中竹　フォワードはスクラムを組んだり、ラインアウトをしたりとセットプレーがあるので、こういうトレーニングをして、こういう筋肉を付けてと言ったように段階を踏みやすいので、敵がいなくても自分たちのベースをあげることができます。しかしバックスは常に対相手なので、いくら理論を学んでもそれが通用するかは相手がいないとわからないので、成果は得難いですね。これは選手の性格云々ではなくポジションの構造上仕方のないところです。

――中竹さんの選手時代の監督の話を聞かせてください。

中竹　偏りはあるにせよ、みんな素晴らしい監督でした。情熱だけで引っ張っていく人もいれば、理論だけでやる人も、気合いだけでやる人もいました。バランスよくという監督には巡り会わなかったですが、いまヘッドコーチをしているうえで、それぞれのいいところは参考にさせてもらっています。20年前の、とくに大学チームのコーチングですからね、これは当時から感じていたことではありますがかなりレベルは低かったと言わざるを得ない。とくに早稲田大学ラグビー部の監督やコーチはボランティアです。お金もらってるわけじゃないので〝週末監督〟が多く、結局、チームはキャプテンが作るしかないんです。

――理想の監督像は。

中竹　ジャパンのヘッドコーチのエディ・ジョーンズは、いろいろ言われていますがヘッドコーチとしては素晴らしかったですね。

理想と言うか、始めにも言いましたが、監督とはまずビジョンを明確に持てるかどうかです。さらに言うと、ビジョンを選手に伝えられるように言語化できるかです。そしてそのビジョンに向って正しいプランが立てられるか。そしてそのプランをトレーニングにきちんと落とし込めるか、やり遂げられるかですが、ここで選手に批判されたり文句を言われたりすると途中で進路変更するんです。コーチや監督はまだこの辺りができていませんね。強くしよう、一生懸命がんばろうだけではなく、このトレーニングをすれば、こうなるからうまくなるとか、このトレーニングをどの程度の時間で行うとか、このトレーニングと別のトレーニングを組み合わせるとこうなるといった科学的な裏付けを持たないとチームは強くならないんです。あとは手を抜かずにやり切る力。そして修正能力ですね。振り返ったときになにがいけなかったかがわからないと修正できない。ビジョンを立てて、プランを作り、やり遂げる。そして修正していく。シンプルですが、この4つが監督の条件ですね。

これは会社と一緒なんです。よく、ラグビーの組織づくりは会社と同じですね、スポーツから学ぶことが多いですねと言われるんですが、人がやることなので同じなんですね。とくにラグビーは複雑な要素が多いので、社会に出たときに自然と解決能力が身に付いているんだと思います。ラグビーは総合商社のようなものですね。いろいろなポジションつまり、一つの物を売っているわけではなく、いろいろな商品を扱っている。

——恋愛しろとおっしゃっていましたが、どのポジションがお勧めですか。

中竹　いろんなヤツがいますが、まわりを見渡してみるとフロントローがいいんじゃないですか。典型的な話で言えばスクラムはごまかしがきかないんで、強い弱いがハッキリします。自分と向き合って努力すれば強くなる。相手と常に駆け引きしているスクラムハーフやスタンドオフとは恋愛は楽しいかもしれませんが、結婚となるとどうでしょうね。ウイングはナルシスト、自分が目立てばいいというタイプは、それでもいいという女性じゃないと大変かもしれませんね。もちろんポジションで一括りにするのはよくありません。個をしっかり見るべきです。笑

監督が見る景色は、ラグビーへの情熱が誰よりも燃えている景色だった——。

ラグ男

―奇人、変人、鉄人、哲人

チームを率いるラグ男

―勝ち負けの責任と選手の人生を負える人じゃないと、監督はできない―

監督という男は、ラグビーバカを話す時、最上位にいるかもしれない。

話を聞かせてもらうと、戦術の話が大半を占めていた。

数人の監督から伺ったなかで、戦術ではない話をほんの一部だけ紹介したいと思う。

基本的に他のスポーツの監督と違うのはまず、指示できるのがハーフタイムだけ、という点。

日頃から自分の言葉を選手につたえておかなければいけない。

キャプテンは自分の分身である必要はないけど、舵取りできるように育てているかということ。

観客席に座っている時の監督は個人の調子を見ている。

走れてるかどうか、とか、倒れて起き上がるスピードが早いとか遅いとか。

観客席から観ているとよくわかる。

天気のよい日は暑いとフォワードの選手が倒れる回数が増える。倒れては立ち上がるので体力をすごく消耗する。

身体に乳酸がたまって後半は全然動けなくなる、といったところを見ている。

今日は試合が思い通りに攻めていない、今日はよくないと思ったらインカムでスタッフにメッセージを送る。送っても選手には勝手に伝えられない。

けが人が出たりして試合が中断したりして、入れるタイミングが数回ある。

その時水をもっていったりするが、この時には言いたかったことがすでに改善されていることもある。

ピッチの外から言ったり、叫ぶのはルール上禁止されている。


またサインプレー。ラインアウトから仕切りなおしの時に叫んでいるのがこれ。

サインの出し方にもいろいろあって、あまり単純にすると分析されてしまう。

しかし自分たちも変に考えすぎて、自分たちで決めたのにわからなくなってしまったり。

5桁くらいの数字を組み合わせ、いろんな出し方するが、忘れてしまう。

ずっと同じサインだと、リーグの最後のほうの試合ではバレてしまう。


キャプテンとはよく食事をしたりして話す時間をもつという。

はじめはくだけた話しをして、最後に大事な話をする。

時間を共有する中で価値観がわかってもらえる。

ラグビーの監督にとって、チームを引っ張っていく上で価値観のところが一番大事。

なにを大事に育てていっているかが、みんなに浸透していることが大切なのだ。


日本代表のエディの場合、規律を大事にしていたと聞く。

ラグビーだけの指導では大切なものが伝えにくい。

規律だとか自分が大事にしていることは、言葉にして日頃から説明していく。


指示出しができるハーフタイムは、これが10分と短い。だから配分も難しい。

最初の2分はしゃべらないで、水を飲ませて極力選手にもしゃべらせない、リカバリーにあてる時間。

選手たちは興奮しているから、しゃべりまくる。最初の2分でフォワードとバックス、それぞれに。最後の2分でまとめ。

その10分も試合がどこで終わるかにもよって時間の使い方が違う。

グラウンドの端で試合が終わったら、戻ってくるのに2分かかったり。だから時間の管理に気をつかう。


集団に対して何がマッチしているか見える人、目的に対して整合性がとれる人がいい監督。

チームのもっている能力を活かして、どういう組み合わせがいいかとかそれを最大限に活かして、ゲームの目的である試合に勝つこと、そこにもっていけることが能力の高い監督ということ。


人間社会の過程の中での調整をしていかなければならない。

方向を示すなら明らかなビジョンがなければならない。

そういったところが監督に求められるもの。

勝ち負け以前に魅力ある集団でなければいけない。

人間の魅力を満たしているかどうか。

外からみても内から見ても魅力ある組織かどうかっていうのは、そこにいる構成員の魅力。

監督とかキャプテンというのは、みんなが向くところ。そこにも魅力が必要とされる。


どんなスポーツもそうだけど、監督にも個性がある。

正解はない。常に変化、多様性がある。

目的は勝つこと、それを見いだせること。コミュニケーションをとること。

選手は大体が監督の子どもと同じ世代だったりする。

「こんなことも知らないの?」なんて言う世代と共通の言語を探さなければならない。そこをもたないと会話できない。

そのために選手の周辺情報をとったりもする。選手の学業の成績や、友人関係だとかの情報を持っていたりして。

どんなスポーツでもそうだが、ラグビーというスポーツも、打ち所によっては最悪、死に至ることもある。

その人の人生も背負っている、と理解した上でないと監督やコーチはできない。

だからこそ本気でぶつかりあい、激しい練習をしなければ強くならない。でも痛いから選手はあまりやりたくない。

ケガのリスクのある練習をさせるには覚悟がいる。

試合でケガをするのは仕方ないし、いつでも起こりえる。

仕方ないけれど、競技だから起こりうる。

勝ち負けの責任と選手の人生を負える人じゃないと、監督はできない。

ラグビードクターというラグ男

—医者としてやっていけるのは、ラグビーのおかげ—

他のスポーツと比べると、やっぱりラグビーはケガが多い。

個人的な話になって恐縮だが2015年トップリーグの試合を観戦した時。

額を切って何度もドクターに応急処置をしてもらい試合に戻る選手がいた。

流血が止まらなければ、試合に戻ることはできない。

処置されている間はリザーブ※の選手が交代で出場する形となる。

その応急処置とは、ホッチキスのようなもので皮膚を繋げ、上からテーピングやバンドで抑えるのだという。

こんな話、聞くだけで血の気が引いてしまう。


その処置をするのがラグビードクター。

基本的にはマッチドクター（=match）とチームドクター（=team）の二種類に分類される。

トップリーグやW杯などでチームに関係なく対応するのがマッチドクター。

こちらはラグビー協会の医務委員から選出される。


一方、チームドクターはプロチーム専属で、主に自分のチームのケアに専念している。

整形外科やスポーツ専門のドクターに限っているわけではない。

※リザーブ…スタメン以外の背番号のある選手。ラグビーでは23番までの選手がグラウンドに入る。

小児科、内科、眼科……など様々なバリエーションのドクターがいる。


処置している時は試合中でもテレビにも映るし、選手の近くにいられる。

そんなドクターの世界の話を伺ってみると、選手に負けず劣らず厳しい。


まず、ラグビードクターになるには。

それにはいくつかの条件をクリアすることが必要である。

一つ目は、ラグビーの世界ランキングを決めるワールドラグビー（国際統括団体）から出される厳しめの条件をクリアーすることが求められる。

一昔前、このような制約は緩めだったが、プロスポーツ化によって整備された。

スポーツ救命の資格や、その他細かい指定が山のようにあるという。


以前は制約も緩めだった、と言った。

そのためドクター要請を引き受ける理由も簡単だった。

面白いゲームが間近で観られるから。チケット代もいらないし、何よりラグビーが好きだから。

しかし近年では、そんなのんびりした感覚では引き受けられない。

制約も厳しくなり、ラグビーを取り巻く医療環境も年々ハードルが上っている。

例えば救急救命の資格については、十万円近くの費用負担が必要となる。

また、講習を受けて資格をとって、いざドクターとして参加しても普通に開業して患者を診てた方が、ずっといい。

ちょっとお金の話。もし、もう少しもらえたら、大手を振って「スタッフとして参加してくるよ」と家族にも言えるのに。

二つ目は責任問題。

医学部、歯学部、薬学部で構成された「関東医歯薬リーグ」というのがある。

そこで、ラグビーの現場には「救急救命が必要だと思うか?」というアンケートをとったのだそうだ。

そこで「必要」と応えた人は90%超。絶対的に必要なのは学生だってわかっている。

しかし「自分がやれますか?」という項目に対するYESは約30%にしかならなかった。

さらに「自分が休日を返上してまで資格を取りたいと思うか?」という項目ではさらに減っ

て約25%。

最初に診断を下したドクター用の賠償保険まで存在している。

大きな責任をとるリスクは、自ら進んで取りたくない……。それは仕方のない話。


また、ラグビードクターは、選手のケアだけではない。

観客の急病にまで対応しなくてはならないのだ。

実際にニュージーランドでもそんな事例がある。

観客が心筋梗塞で倒れ、それを処置したのがラグビードクターだった。


三つ目は時間的な拘束。

たいていの試合は土曜日のお昼過ぎから試合がはじまる。

その前にメディカルスタッフとのミーティングがある。試合中に「MEDIC」と書かれた服を着ているスタッフがこれ。

ちなみにウオーターボーイもこれを着ている。

12時キックオフだと70分前に試合会場に入らなければならない。器具の点検などが必要だからだ。

しかし、土曜日の午前中は診療時間の真っ最中。

例えば、ある九州在住のドクターの話。

高校選手権など予選からの長期間にわたる試合時、九州と関西を何度も往復したらしい。

毎週の土日に消える父を前に、家族からは「あなたはジャパン（日本代表）スタッフか」なんて言われたらしい。


そんな厳しい条件をクリアしているラグビードクターの数は日本全国で500人弱しかいない。

責任問題の話をした通り、近年、若い人の数が減ってしまっている。

ドクターの高齢化も課題になっているが、500という数字はアジア的に見ればかなり恵まれている数字だという。

例えば韓国のラグビー協会登録のドクター数は、なんと0。香港は5、6人、シンガポールでも3、4人。

そのような地域でも国際大会は盛んに行われている。

看護師やトレーナーが代役となり協力するほか、国家資格ではないが資格をもっている会社員などがサポーターとして協力して参加しているという。

では、そんな厳しい条件があるのに、それでもなぜラグビードクターになるのか。

それはラグビーに「恩返しをしよう」という精神のもとにあるらしい。

ラグビー憲章で言われていることが、そのまま医療にも通じるという。

患者さんをリスペクトしようという心だとか、品位をもって医療に当たろう、だとか。

ラグビーをやっていたからこそ、ドクターとしてやってこられた。

その恩を、ラグビードクターとしてゲームに参加することで返そう、ということなのだ。


ラグビードクターフォーラムというラグビー経験者の会があるという。

そこでは、出身校も専門の科もちがうのに、ただラグビーをやっていたというだけで、すぐに肩を組み合う仲になる。

200人近い出席者が、懇親会ではラグビーの話だけで盛り上がるそうだ。


ケガとは切っても切れないラグビー。

そんなスポーツを支えるラグビードクターは、献身的な精神のもとで今日も選手を見つめている。

ドクターの存在があるだけで、身体的にも、精神的にも支えてもらっている選手は多いのかもしれない。

マネジメントするラグ男

―みんなは奇蹟だとか言うけど、あれは奇蹟なんかじゃない―

ひとつのチームを支えるスタッフといえば、表舞台はヘッドコーチ、アシスタントコーチ、トレーナー。

そして裏方にはメディカルコーチ、マネージャー、広報、アナリスト、ナショナルチームであれば通訳。

選手が試合当日に全力で戦える環境を整えること。

そのためにスタッフも目に見えないところで戦っている。

その中でも、マネージャーの仕事に注目した。

例えばチームの移動やホテルの手配。

選手の部屋の割り振りといっても個々人の好きなようにさせているわけではない。

日本代表でいえば、ワールドカップから次の大会まで4年間。

4月にスタートしたら、1回目は4月から6月までずっと行動をともにする。

8月に夏合宿、9、10月は毎週末の合宿。10月末あたりから40日間のヨーロッパ遠征。

その間ずっと生活は一緒。年間で168日、一年の半分近くだ。

代表選手と言えど、やはり家族と離れている時間には「堪えるもの」があるらしい。子どもに泣きながら電話している選手もいるという。彼女と連絡をとるのも我慢している選手も多いという。部屋に戻っても顔を合わせるのは、むさくるしい男だけ。

マネージャーは、そんな選手たちが練習や試合の疲れを癒せるよう工夫を凝らす。

ホテルはツイン。同室にする選手はローテーションで変えているそうだ。国籍もバラバラな日本代表を、どうしたら仲良くさせられるか。ここにもマネージャーの工夫がある。

このローテーションにはルールがある。同じ大学、同じチーム同士は一緒にしない。外国人であれば、外国人同士にはしない。

バックス同士も時にはあるが、基本はバックスとフォワードを一緒にする。そうすることで、試合中にはあまり会話することのない選手同士でもコミュニケーションがとれる。

そうした工夫は部屋だけではない。食事の際のテーブル配置にも配慮がある。

テーブルといえばイメージするのは、長方形の四人掛け。

それを丸テーブルで八人掛けにする。四角いテーブルであれば向かい合った相手としか顔を合わせないが、丸テーブルならば多方面に目が届く。こうして話をする環境をつくる。

コミュニケーションをとることはラグビーにとって重要なポイントになる。

このような小さな仕掛けが試合中のコミュニケーションを支えているのだ。


小さな仕掛けと言えばこんな話もある。合宿の話である。

選手は連日の過酷なメニューで疲労困憊である。

そこで少しでも休ませるための工夫の一つとして、効率的な動線、つまり「みち」を考えるという。

ホテルでは、エレベーターから部屋を近くして少しでも選手が歩く距離を減らしている。

例えばエレベーターから部屋が遠く、往復に3分かかったとしよう。

1日に5回往復したとすると15分無駄な運動が増えることになる。その15分をいかに短くできるか、について苦心する。

また、部屋からグラウンド移動のバスに乗る場所までも同じように、である。

バスに乗る前に選手がテーピングをするのであれば、部屋からバスまでの「みち上」に処置室を置く、など。

滞在先のホテルでの選手の行動する「みち」に関しても配慮を怠らない。

さらに、マネジメントには健康チェックも必須である。

選手は毎日食事や体調などのデータを記入している。

そのデータを基にし、実際にスタッフの目で確認する。

食事の際でも、ヘッドコーチやマネージャーの座る位置は常に選手の顔が見える場所なのだそうだ。

「今日は元気かな」とか「疲れているな」など、まるで母のようである。選手の状況に応じて、スタッフが「声かけ」をする。管理栄養士、メディカルコーチ、またはマネージャー……、声かけするスタッフを決める、マネジメントすることも仕事のひとつだという。

ここまで細かく配慮するようになったのには経緯がある。

ザック監督率いるサッカー日本代表が敗戦した時。

エディー監督からサッカー日本代表が敗退した原因を解明しろ、とマネージャーに指令が下された。

どのホテルに何時間泊まっていたのか。
そのホテルはスタジアムへ行くのに何時間かかるのか。
ホテルの場所は標高どのくらいだったのか。
また、標高が及ぼす身体への影響はどれほどのものなのか。
さらに、海外選手が母国では過去に何試合していたのか。
その時のプレー時間はどのくらいだったか……。
ありとあらゆることを解析し、仮説を立てたそうだ。
その上で、勝ちにいく試合を定める。
勝てる確率の高い試合の前に、何試合あるのか。
それまでにどれほどの時間を選手に与えたら、本命の試合で最高のプレーができるか。
一人ひとりの選手に対しその分析を行い、割り出したという。

今回話を伺ったマネージャー氏は、南アフリカ戦の勝利をこう言った。
「みんなは奇跡だとか言うけど、あれは奇跡なんかじゃない」

あの試合の陰には、われわれのはるかに想像を超えた緻密なサポートがあった。
南ア戦は「勝てる」試合だったのだ。
決して「奇跡」という言葉を使う偶然の勝利ではなかった。

観戦の服装

ラグビーの試合は基本的に冬である。

観戦で選手のプレーを見て手に汗握ると言っても外気は極寒。

防寒対策もしっかりして応援に臨みたい。

≪男性の場合≫　≪女性の場合≫

男女ともに厚着は必須である。

肌着もしっかり着込み、上半身だけでなく下半身もしっかり温められるような服装がいい。

特に気を付けてほしいのは、座っての観戦なので冷気。お尻からくる冷気である。

どんなに着込んでいても座席部分の冷たさには正直堪える。

そんな時は座布団のようなものがあるといいだろう。

いまどき発熱する座布団もあるようで、観戦の際には大変お世話になった。

また、女性は間違っても足首が出るような恰好はＮＧである。

寒さで試合に集中できなくなること請け負いだ。

スタンドで戦うラグ男

―「応援」と「観戦」はちがう―

昔は6万人収容できる国立競技場が満席になるほどラグビーファンがいて、学生は100円で入れる自由席もあったらしい。

選手の中には観客席まで上ってきてファンサービスをしたりと交流があった。（※所属事務所には秘密だったらしい）

ファンサービスと言っても今のサイン色紙をもらう、といった形ではない。

選手の家族や地元のファンクラブがお菓子を紙に包んだ「おひねり」を観客席に配ったりしたという。

今でも秩父宮ラグビー場の近辺のパブに行くと選手に会えて、ファンが気軽に話したりできるのもラグビーならでは。

またファン同士がパブなどで知り合い意気投合することもよくある。主に話すことは当日の試合内容もだが、情報交換の場でもある。今は2019年へのW杯の話題でもちきりだそうだ。

現在でもゲーム終了後、選手が会場入口近くで「グリーティング」といってコミュニケーションを取れるブースも用意されている。もちろん長蛇の列になるので寒い中、ある程度は覚悟が必要だが……。

ラグビーは、荒々しいスポーツと思われがちだが、ゲームが終わると、敵チームと交流を深める時間があるなど、紳士的ともいわれるスポーツ。これがいわゆる「ノーサイドの精神」だ。

ファンも同様で、敵同士のファンでもゲームが終われば、次の試合も会場で会おう！と約束をしたりすることもあるという。フーリガンのようなサポーターもいない。

試合会場ではホットワインやビールも売っている。お酒を飲みながら観戦する、というのは他のスポーツでもあるが、ファンが泥酔してあばれたり、お酒の力を借りて敵味方のファンが喧嘩するようなことはないそうだ。ファンも紳士的なのだ。

ゲームのハーフタイムは１０分。この時間、売店に立ち寄るお客さんも多いが、それよりも多いのはやはりトイレ。男性がトイレに列をなす、という光景はなかなか珍しいのではないだろうか。

コアなファンはラグビーのどこに魅力を感じているのか。それは選手の誇り高さであるという。

W杯では優勝しても賞金がでるわけではない。それなのにただただ選手は闘う。優勝を目指して、ラガーマンとしての名誉のために。

観客はそこにたまらない魅力を感じるのだという。

コアなファンだって社会人である。見たい試合にどうしても仕事が被ってしまうこともある。

そんな時は、ラグビーの試合に合わせてスケジュールを組んだりする。

2015年のW杯に行ったあるファンは、イングランドと日本を二往復もしたそうだ。ラグビーW杯は試合の期間が長い。長期で楽しめはするが、そのためにはヨーロッパ二往復。でもそこまでして観たい魅力があるのだろう。

W杯のチケット販売はだいたい開催二年くらい前から始まる。遅くとも一年くらい前から手配しないと手に入れるのは困難。

逆にいえば、そのくらい余裕をもってすれば、仕事と観戦のスケジュール調整もできるのだろう。

観戦が生活の軸、といっても過言ではないファンがいるのだ。

「応援」と「観戦」はちがうのだそうだ。日本のラグビーはまだまだ「観戦」の域にとどまると言っているファンがいた。

観戦とは、つまり見物。高いところから見下ろしてただ試合を観る状態のことを言う。しかし応援はエールを送り、励ますこと。声を張り上げ選手を鼓舞し、時には罵倒するのが応援である。

試合会場に行くと「24」という背番号ジャージをつけた観客が多くいることに気づく。ベンチに入れる選手の背番号は「23」まで。その次の番号を観客が身に着けることで観客も試合に参加するのだ。24番目の選手ということ。

もし、ラグビーに興味を持ち、贔屓のチームができたのなら、ぜひチームカラーを身につけるといい。パナソニックなら青、東芝なら赤……。といったように身を染めることで客席とも一体感が出てくる。

スーパーラグビーに参戦したサンウルブズはオレンジ。初戦では満席の秩父宮がオレンジ一色に染まり、この日を待っていたファンで埋め尽くされた。選手とファンが一体になった記憶が新しい。

観戦の枠を出て「自分もやってみたい！」という人も不思議と出てくる。そんな人に朗報なのだが、ストリートラグビーというものがある。3対3で行い、文字通り道路でやる。老若男女、誰でも参加できるのがこのストリートラグビー。スクラムやタックルみたいなものはなく、生涯スポーツとしても期待できるスポーツだ。

世界ではメジャー級のラグビー。まだまだ日本はその域には達していない。しかし興味を持ちさえすれば、誰でも「参加」できるラグビーをもっと広めたい。普及したい、と思っているのは選手や協会だけではなく、一介のファンだって活動しているのである。

ラグ男
海外と日本の比較

—Did you enjoy the game?—

日本でも芝生、人工芝のグラウンドがだんだん増えてきているが、まだまだ硬い土のグラウンドが多い。

外国人はそれを見て「クレイジー」だと言うらしい。

ラグビーは本来芝生、草の上で転がるスポーツ。それを日本は土の上でやる。

だから「汚れて、つらくて、激しくて、痛い」ラグビーになってしまう。

日本で長くラグビーが続いてきたのは奇跡的。

どこか日本人の性格に合っていたから、続いてきたのだろう。

日本人の「和」を重んじ、自己犠牲の精神を尊び、勤勉を善とする、そして控え目を美徳とする、ラグビーの精神にぴったり。


個人の違いについての話。

試合後、ロッカールームでシャワーあびていたら、

「今日はオレがいたから勝った」という声が聞こえてきた。

「いや、おまえじゃなくてオレがいたからだよ」と口々に言いだす。

オレがオレが、っていう自己主張の激しい人が15人集まっているのが海外。

海外は一人ひとりを尊重する、強い個性を集めたのがチーム。

オレがいるからと言ってはばからない在り方。

日本の場合は、まずチームがあり、チームのために自分が「部品になる」。

日本は集団があるからっていう在り方。基本的にちがう。

日本チームのロッカーからはどんな声が聞こえてくるのだろう……。


練習にしたってそうだ。

日本の場合だと、試合直前までチームの状態を調整しながら全員一緒の練習をぎりぎりまでやっている。

海外の練習方法は、試合前日にテニスをしたりする。

個人の調子は個人で様々だ、というのが海外の考え方。

全力で走っていたほうがいい人もいるし、何もしないほうがいい人もいる。自分の身体に合ったことをやる。


日本は「集団」、海外は「個人」という考え方であり、そこには大きな違いがある。

ラグビーは海外の選手が日本代表になったりするスポーツ。

もちろん最初は「個人」だが、だんだん染まってくるらしい。

みんなが長々と一緒に練習していること、それが日本式なんだと理解していく。


日本の中では個人主義はあまりよく思われていない。自分勝手に映るのだろう。

しかし個がしっかりしている人が集まり、チームをつくるのが個人主義。

反対に集団主義っていうのはグループが大事。

例えばフロントローがスクラムを組む。

そのうちプロップの一人が日本代表に出て、別の人と組んだらなかなかうまくいかない。

それはつまり「部品」だから。

しかし海外は「個人」なので誰がきてもあわせやすいそうだ。


試合が終わったあとにアフターマッチファンクションがある。両チームが集まって交流し、酒を飲み交わす。日本でもあるが、海外と比べるとあっさりして時間は短い。

イギリスの小さなクラブチームから、ウエールズ代表になった人がいた。歳を取ると、また小さな草チームに戻る。

そんな人がいるチームと、これから頑張ろうという若いチームが試合をする。

試合後アフターマッチファンクションで一緒に飲んでいる時、

「きみのタックルはこっちにはいったほうがいいよ」などとアドバイスしてくれる。

伝統が上から降りてきて、下から昇っていく人とすれ違う。

それがアフターマッチファンクションなのだ。


日本では初めて会う人には名刺を渡す。

海外だと、相手が何歳でも関係なく、話をする。

そして別れ際、「あなたは何をしている人なの」と聞く。

日本の場合はまず名刺を見て判断する。上下関係が最初から成り立つ。

これはラグビーに限った話ではないが、プレーにおいて平等という点は大きい。


海外に行って試合をした方の話。

試合に負けてシャワー浴びていた時のコト。

「Did you enjoy the game?」と勝った相手に聞かれた。日本でこんなコト聞いたらただの嫌味だ。

また別の話。

体育館の表でバーベルを上げていたら「Did you enjoy ?」と聞かれた。

エンジョイという言葉は本来「楽しむ」ということ。

自分からやりきった爽快感があるはず、だから試合に負けても、エンジョイ。

その気持ちがあれば、人生でも、大変なことでもエンジョイ。

充実しているということ。


今後も日本のよさを大事にしながら、海外のラグビーの伝統をとりいれるといいと言っていた。

海外と日本、ラグビーのエッセンスはどちらも素晴らしい。

海外で活躍する選手も出てきた。

ただ海外の真似をするのではなく、日本のよさを大事にしながらやっていくことが重要なのだ。

ワールドカップを筆頭に国際試合は交流のチャンスとなり、ラグ男が輝きを増す舞台となる。

ラグビーバカ

―ラグビーバカとは、ラグビーを愛してやまない男たち―

ラグビーバカという言葉は決して蔑称ではなく、愛を込めた呼称である。

ラグビーバカとは、ラグビーを生活の中心にしている人たちのこと。

そんなどっぷりラグビー漬けの人たちを少し紹介する。


「生で観に行った試合、家で録画した同じ試合をもう一度観てしまう」

ラグビーの試合を何度も観てしまう。

スタジアムにいると自分の観たいところ、全体が観れる。

しかし「あ、いまのとこ、もう一度みたい！」という時には観れない。

観戦の時は自分だったらどうするかなと考えながら観る。

テレビで観る時は、結果が分かっている。観戦で観ていた自分の視点が合っていたかどうかがわかる。

トライシーンがリプレイであったりするから、観たかったところがきちんと観れる。

選手の視点、コーチの視点、多様な見方を楽しむ人の話。

ラグビーバカは繰り返し巻き戻す。

気になるプレーを何度も何度も繰り返し見続ける。感動して何度も観ているのか、研究しているのか。きっとどちらもなのだろう。家族は一晩中、ホイッスルの同じ音に悩まされる。

ラグビーの情報が入ってこない生活が耐えられない。


常にラグビーのことを考えていたい。

戦略を考えるのも楽しいし、ラグビーに関する情報を仕入れるのも楽しい。

そんなラグビー中心の生活を送ってきたから自分の周りにもラグビーバカが集まっている。

もし1、2週間、一切の情報も入らない状況になったら、きつい。

そのくらい、365日ラグビーのことを考えていられる。

ある大学の、教授兼監督の話。


ラグビーの楽しさを伝えるために、やってきた。

いわば宣教師。日本ではいまだマイナーとされるラグビーの魅力を伝えるため、はるばる南アフリカからコーチとしてやってきた。

日本の応援は各チームだが、海外はスポーツそのものを楽しんでいる。

日本人、知っているチームだけじゃなくもっと他のチームも見て！

今では武術にはまっている、南アフリカ人コーチ（日本語ペラペラ）の話。

ラグビーを教えるために、宿舎を建ててしまった。

自分の教え子のために宿舎を建ててしまった。

寮に入りきらない分の生徒の住居を確保するべく、自腹をきってアパートを建ててしまった。

そんな太っ腹な監督の話。そんなことをしていたら男子ラグビーチームになぜか女子が入学してきた。女子の宿舎も必要か？

今では女子の7人制日本代表の学生を抱え、強豪校の一つとして名を馳せている。

ある高校の、太っ腹なウイング出身の監督の話。

ダメだと言われているのに、譲れなかった。

ラグビーにも選手名鑑がある。選手各々がきりっと決める中、ひと際目立つ、変顔。故意に変顔をしていたのである。

協会でもあまり良い顔をされなかったそうだが、彼は現役を引退するまでずっと続けた。それを特集された記事をいまだに持ち歩いている。

謙遜はするが、こだわりは譲らない、ひょうきん者のプロップの話。

社会人チームの監督を経て、営業マンとして働く人の話。

足が遅くても必死で走っている、そんな選手に声援を送って欲しい。

スタンドの前のほうで観るひとは間近で観れる。

人がぶつかる音とか、スクラム組むときのなんともいえない雰囲気を感じてもらえる。

走っている時は音がするみたいな感じでかけぬける。風がひゅんと吹くような感じ。

そういう普段ふれることがない、速さ、力強さを目の前で観てほしい。

スタンドの上のほうから観る人は全体的に観てほしい。

たとえば，何か起こったときにどれだけ早く人が集まるか。

一人がクラッシュしたときにまわりに集まる素早さ。

縦から見る場合は背番号が見えるから、背番号のひとがどう動くか。

有名な選手ばかり見るのではなく、９０分のあいだにいろんな選手を見てほしい。

ある大学の、選手と交流するのが好きな、監督の話。

仕事にして、それでも『好き』と言えますか。

仕事を選択する自由はあるが、実は仕事がこちらを選んでいる。

1年間何百と試合観る。毎日ラグビーしか観ない。何年も続く。

「私ラグビーが好きなんです」っていうレベルを超えている。

仕事にすると好きだったのか好きでなくなってしまう可能性が高い。

それを仕事でやってる人たちがいるっていうこと。

毎日、同じ。それを楽しんで面白くやってる人たちがいる。

見ててどんどん詳しくなるけど、好きになれなかったら、途中で嫌いにでもなってしまったら。

仕事として好きなものを選ぶことが、どれだけ好きでいられるか、の話になってくる。

マスコミ系のお仕事をしていた人の話。

ラグビーを『スポーツだけ』にとどめたくない。

ラグビーを単なるスポーツとして終わりにしてはならない。

そんな思いで学生の時からラグビーと、英語の勉強にいそしむ人がいた。

学生寮、協同生活する中で、麻雀の誘いも断って、頑なに英語の勉強を貫いた。

世界のラグビーと渉り合うためには英語は絶対条件。


ケガをして選手を続けられなくなってからはコーチに抜擢された。

監督になってからは、決して強くはなかったチームを全国に出せるまでに育て上げた。

強くなった途端、そのチームを後任に任せ「監督」とは別のジャンルに突き進んだ。

若いうちから世界に進出するために、先を見据えて行動する。

そしてラグビーを単なるスポーツのジャンルにとどめるのではなく、そこから教育や社会にいかに組み込んでいけるか。

どうやって日本の男子を「強い男」にするか、まで考えている。
これは本書の監修者の話。

ラグビーウィドー

―ラグ男の家庭を支える、ラグ男の一番の応援者―

ラグ男がラグ男たるためには、家庭を支える人間がいる。

ウィドー（＝widow）とはつまり未亡人であるが、先立たれたことを示唆しているのではない。

ここではラグビーに人生を捧げる男、ラグ男に連れ添う結果となった奥様の話。

三人の方に話を伺ったが、彼女たちは自分の夫を「究極のラグビーバカ」と呼ぶ。いずれもラグビー部の監督。ラグビー一筋。ラグビーオンリー。


監督というからには、自分のチームを持っている。

だから、まあ、よく学生を家に連れてくるらしい。多いときには２０人以上も。

体育会の、しかも食べ盛りの男子学生。集まれば、食べる量も半端ない。

ただでさえ一人ひとりの食べる量がすごいのに、それが月に数回もあるというのだから食費に大打撃。

夏に学生が集まれば、エアコンが効かなくなったそうだ。故障ではない。ラグビー選手ばかり大男が何人も集まれば冷気も飛んで行ってしまう。

そこで窓を開け放して騒いでいたら、通報騒ぎになってしまったという。

とにかく、まるで想像もしていなかった結婚生活だったそうだ。

9割家にいない、基本はラグビー。自分の子どもよりも学生が優先。

ある大学ラグビー部の監督は、奥様が陣痛で苦しんでいる時、選手選考に頭を痛めていたという。選手から「いい加減帰ってください」と促されるほどだったらしい。

そんな監督でも、たまには家に帰る。子どもの顔を見るのは楽しみなのだ。次の日、試合に出かけていく父親を見送ろうと出てきた子どもが「バイバイ、またきてね」と手を振ったという。たまにくるおじさんとでも思ったのだろうか。

子どもの運動会。親子参加の競技、ご主人はもちろんいない。

父親の代理として参加してくれたのが、後輩のラグビー関係者だったというから笑ってしまった。

父親の背中を見て子は育つというが、ラグビーに興味を持つ子どもも少なくないという。

父親監督は喜んで手取り足取りラグビーのいろはを教える、と思った。ところが、要求が厳しすぎて、教えるにはためらいが出てしまうという。

普段は大学生を指導しているので、小学生のプレーを見ると言いたいことが山のように出てきてしまうらしい。確かに、今まで私が話を伺ったラグ男はとにかく多弁だった。1を聞いたら100返ってくる。

この奥様の場合は自分の子どもだけでなく周囲の人も巻き込んでいた。ラグビースクールに自分の子どもが入ったが、人数が少なくて試合ができない。それで顔見知りの身体の大きな子どもに声をかけるようになったという。

身体が大きな子の親は、運動すれば痩せるかもしれないとスクールに参加するが、こちらはラグビーをやるなら痩せてもらっては困る。どんどん食べてほしいとおやつも出す。子どもは喜んでラグビーをやる……。

そうこうしているうちに母親もラグビーがやりたくなって、自分も参加してしまった人もいる。

取材の傍ら、おもむろに重しを腰に括り付けトレーニングする母親がいた。彼女も立派なラグビー好きの、ラグ女となっていた。

高校ラグビー部の監督の奥様の話。

付き合っている時には猛烈なアタックを受けたという。

マメな連絡に、通勤の送り迎えもしてくれる。そんなアタックを受けている間にいつの間にか結婚していたのだそうだ。ところが、これまた結婚生活が始まると、帰ってこない。ご主人のことを「遠洋漁業船に乗っている漁師」だと思うようになったという。家に帰ってくればきたで、録画した試合の映像ばかり見ている。録画鑑賞につきあっているうちに奥様もちょっと詳しくなったようだ。しかも監督的なマニアックな視点を持てるようになった。

この取材で見えてきたことは、ラグ男は家にいない。稼ぎはラグビーに貢いでしまう。子育てはシングルマザーさながら。

第一線で活躍する選手は比較的早く結婚している。日本代表入りともなれば、一年の半分は合宿で不在となり、シーズン中はラグビー一色。引退して学校やクラブチームの監督ともなれば、土日は練習、長期休暇は合宿、家にいても海外試合の観賞三昧。そんな中での子育ては、母親一人の肩にかかってくる。

自分の子どものみならず、学生たちの世話や応援もするという生活は、自分を捨てての生活となるだろう。そんな家庭を支えていくにはよほどの覚悟が必要だ。

しかし、ウィドーと言っても、悲しい思いをしている奥様方には見えなかった。

ご主人がラグビーをやっていたからこそ得をしたこともあるという。

ラグビーをやっていた、とわかった瞬間に旧知の仲のようになるラグビーワールド。これはラグビーというスポーツの特徴といえる。だから交友関係は地元だけにはおさまらず全国に広がっていく。自動車の具合が悪いと言えば、次の日には車の営業マンが飛んでくる。実家が家を建て直すといえば、すぐさま見積がでてくる。飲み会に行けば芸人さながらのトークで盛り上げて楽しませてくれる。何より一人の仲間として大切にしてくれる。

管理栄養士の資格をとって、サポートをする奥さんもいる。

ラグビー一色な生活を支えてくれる奥さんがいるからこそ、ラグ男がラグ男でいられるということを理解しているのもまたラグ男なのである。

最後にラグビー選手、関係者の奥さんは、やはり美人が多かった。

ご主人の選手時代を知らない奥様もいて、選手としてのかっこよさに惹かれただけではないのは確かである。

ラグビーで培われた何かが、ラグ男たちの人間的な魅力を引き出しているのかもしれない。

ラグ男予備軍
子どもの話

―ラグビーを通じて、仲間を感じてほしい―

ウィドーの章でも少し触れたが、小学生低学年からでもラグビーができる。

厳密に言えばタグラグビーという、タックルなどの激しい接触が少ないもの。

高校生からは本格的なラグビーになっていくが、小さい頃からラグビーを始める環境も、もちろんある。


小学生で人気なのはやっぱり野球やサッカー、バスケットボール。

有名な選手を夢見て、自分もああなりたい、と思ってのめり込む。

この環境、実は日本特有である。諸外国には「部活動」や「クラブ活動」などの制限がない。

またメジャースポーツは部活動以外にもクラブチームがあったりして入りやすい。

小さい頃からやっているスポーツをそのままずーっとやり続ける。

確かに聞こえは良い。「特定のスポーツをかれこれウン十年やってきました！」

就活の時にウケがよさそう。


サッカーや野球などのスポーツはやっぱりウイングみたいな子が活躍できる。

足が速くて俊敏。でも思い出してみると、そんな奴ばかりじゃなかったはず。

クラスにひとりくらいはいたんじゃないだろうか？　小学生のうちから身体が大きな子。

そんな子が運動するには選択肢が絞られてしまう。

下手すると運動どころか液晶ばかり見ている生活を送ってるかもしれない。

そんな子がやるとしたら柔道とか相撲が思い浮かんだ。しかしこれは個人技の世界である。

身体の大きな子が、チームでスポーツをすると言ったらラグビーしかないんじゃないだろうか。


ラグビーをすれば子どもに「感謝」と「責任」が生まれると聞いた。

仲間がつないでくれたボールをゴールに結ぶ。仲間がいてくれたからこそ「感謝」。

それと同時に仲間がつないでくれたのにゴールにつなげられなかった「責任」。

パスをつないだ数だけ「思い」の念が重くなる。

そんなボールを軽く扱ってしまった時どういった心境になるのか。

人がいないところにパスしました、なんてことでは相手や仲間と一緒にプレーしているコトになるのだろうか……。

あるラグビースクールではボールを「赤ちゃんだよ」と表現するらしい。

ある時は「たまご」、またある時は「ケーキだよ」と。

落としてしまったらまずいもの、という認識をまず植えつける。

イングランドでもボールを「べビー」と称するらしい。

「でもやっぱり子どもにラグビーをやらせるには怖いわ」というお母さまもいるだろう。ラグビーは危険なスポーツというイメージがある。高校や大学では頭から流血したり、身体のあちこちを擦り剥くケガなんて日常茶飯事である。

小学生だってやるからには膝小僧をすりむいたり、泥んこになるかもしれない。でも、ラグビーだけが危険と言うわけではない。サッカーや野球だってケガをするし、極端な例でいえば身体を動かさないゲームでだってケガのリスクはある。

「学校には安全な体育があるわ」

確かに、学校には「身体を育てる」体育がある。しかし、安全面に縛られて思うような教育ができていないのも確かである。いかに危険な動作を回避するか、ということに必死になって、いつの間にか体育の時間は身体を甘やかす時間になっているのではないか。

そんな状態で「スポーツをする」状態にまで持っていくのは難しい、と取材の中でもよく耳にした。

「スポーツ」と「体育」は違うのだ。

「スポーツをする」というコトは「体育」と「道徳」の延長線上にある。

身体を動かし、仲間との協調性を磨き、他者への思いやりを育む。


ラグビーの何が「ラグ男」へと成長させるのか。

「スポーツする」コトの根源がラグビーにあるのかもしれない。


ラグビーだけが、という話ではない。あくまでスポーツをすると、という話である。

もし、これから子どもに何かさせてみようと考えている方、もしくは将来子どもが生まれたら、と考えている方がいたら。

ぜひ、いろんなスポーツを子どもにやらせてあげてほしい。そして、その上で比べてみて、子どもがラグビーを選んだのだとしたら、全力で応援してあげてほしい。

子どもが選んだスポーツがたとえずっと同じものでなくても、サッカーをやって、剣道をやって、野球をやって、そして最後に選んだものがラグビーだったとしたら。

すべてのスポーツで培われた感性が、筋肉が、ラグビーで花開く。(笑)

関西、九州では子どもからのラグビースクールも盛んだという。関東もいずれ盛んになるだろう。サッカーや野球に負けず劣らず、あちこちでラグビーをする子どもたちの姿を見かけるようになる時代はすぐそこにある。そうなるために活動しているラグ男もたくさんいる。小学生ラグビー全国大会も２００８年からスタートしている。北海道から沖縄まで、約１８０のスクールが参加し、大会参加人数は１２５００人にも及び、決勝は秩父宮で行われる。小学校でラグビースクールで活躍し、中学校でラグビー部がなくて野球をやり、高校でまたラグビーに戻ったというラグ男もいる。

蛇足だが、ラグビーは体幹が鍛えられる。ラグビーでしか使えない筋肉があるらしい。足腰の筋肉が鍛えられるからこそスクラムに耐えられる。タックルができる。忍耐力、勇気が生まれる。

もちろんスポーツのみならず、多様な経験をさせることが大事。
恋愛ももちろん、そのうちの要素の一つ。
ラグ男はもてる……。

結婚していいラグ男
ダメなラグ男

―フォワードは浮気の心配がない―

話を伺った全員に同じ質問をした。
結婚するならどのポジションの人を薦めますか？
圧倒的にフォワード、特にフロントローだった。
顔こそ怖いが、まず優しい。そして、浮気をしない、のだそうだ。

プロップはいい恋愛の相談相手になってくれるだろう。
相談相手としてはプロ並み。失恋した時なんてよく笑わせながら話を聞いてくれるかもしれない。

「恋愛」に向いているポジションなら、
スタンドオフ、ウイング、フルバック。
「私の彼はここなのよ」という自慢ができる。
試合でもトライを決めて盛り上がれるような、脚光を浴びるポジション。

ただ「結婚」となると話は一転する。

恋愛に向いているポジションは、ふりまわされるか、浮気されるかもしれない。

プロップ、ロックは、まず浮気しない、だろう。

スクラムハーフもいい、かも。

身長こそ小さいがハートがないとできないポジション。

いろんなタイプがいるが、男性から見ていい男が多い。

ガッツもあってガンガン攻める。

フランカーやナンバー・エイトもカッコイイ。

メンタルコーチの荒木さんは結婚するならフランカーがオススメと言っていた。

フォワードは固まって合コンを開いたりするそうだが、バックスはやはり個人プレー。

1vs1で勝負を仕掛けることが多いらしい。

フォワードの方が大酒飲みが多い。

男だけで飲みに行くので、それを許せないとつきあったり、ましてや結婚はできないだろう。

ラグビーバカは基本的にラグビーが生活の軸。

結婚するとラグビーのことしか考えられなくなるので、ラグビーに勝とうなんて思わないほうがいい。

「ラグビーと私、どっちが大切なの」などと決して言わない。言っても無駄だから。だからそこは諦められる人。


人の嫌がる仕事を黙々とこなす、縁の下の力持ちなフォワード。

特にフロントローは「結婚するなら」真っ先に挙げられるポジションでもある。

でかくて、ずんぐりむっくりで、耳も膨れ上がっている。

普通ならば怖がられこそするが恋愛に発展するのは考えにくい。

失礼な話をしているよね。

でも、我慢強くて、笑わせてくれて、人の痛みがわかる。

「恋愛」するなら、フォワードはやさしすぎて刺激が足りないかもしれない。

「結婚」するなら、旦那にする人ナンバー1。


大きなお世話、でした。

社会のなかのラグ男

—このデータ、オレにはわからない—

学生時代にラグビー漬けだったラグ男は、社会に出てからどうしているのだろう。

ラグビーをしていた経営者、それもトップマネジメントに携わる方が大勢いる。

また、他にも政治家や芸能人、医師など様々な職に就いている。

そんな人たちは決まって「学生時代はラグビーを」とちょっと誇らしげに話している。

最近ではノーベル賞を受賞された京都大学の山中伸弥教授もラグビーをされていた。

ラグビーで培われた「何か」が社会ではきっと活かされているようだ。


ではそれは何か？

まずは「辛抱強さ」だろう。

暑い日も寒い日も、厳しくつらい練習に励み痛いタックルも恐れず果敢にぶつかる。

恐れることなく、果敢に攻める姿は素人目にも「勇敢」に映る。

でもそのタックルは決して無茶ではない、「冷静」に戦局を見て相手にぶつかっていく。

また、ボールは形状からどこに転がるかわからない。

そこで「臨機応変」さも兼ね揃えていなければならない。

それでも練習からボールの行く先を予測する力をつけていたりして。考えすぎだろうか？

きっと何万通りの戦略を頭に叩き込んでいる、そんな姿勢は「用意周到」。

さらに、ゴールラインギリギリの攻防。あと一歩、あと少し。

みんなで力を合わせる「協調性」。攻める人も守る人も絶対にあきらめない「不屈の魂」。


以上、挙げてみたらちょっとカッコよすぎるのではないか?

インタビューを続け、ラグビーを観ていると人生を感じてしまうくらいのたくさんの道しるべがあるようにさえ思ってしまった。


最後に「友情」。

一緒のチームメイトならもちろんだが、ラグビーでつながる絆は想像をはるかに超えるものだった。

それはインタビューの中で友を語る誰からも、ひしひしと伝わった。


学生時代はどっぷりとラグビーにはまっていて、学業はあまり得意でない人もいるはず。

でも社会人というボールをパスされると、自分のポジションを全うする。

「ラグビー部は就職が有利」は都市伝説なんかではないのだ。

それくらい、人生で教わるべきことが凝縮されている。

監督の方々は教え子が訪ねてくるのがとても嬉しいそうだ。
そして、どこまでが本当かわからないおかしな土産話が楽しみだと語った。
その話しぶりは、自分の教え子という枠組みを越えまるで息子の話をするようだった。

これは社会人になった、あるラグ男の話。
新入社員の頃「このデータ見て、君がどう思うか聞かせて」と言われたらしい。
何やらよくわからないが、ラグビーでは代表にも選ばれた。
目の前の相手には負けない、という自信があった。
「社会での力は未知数のオレ」という、ラグビーを根拠とした自信があった。
じっくり読んで、じっくり考え、また最初から読み直し……眠くなる。
おっと負けない。また考える。そんなことを繰り返し数時間。
一つだけ、わかったことがあった。

「このデータ、オレにはわからない」

この方も入社して今では20年以上が過ぎた。

「ちょっとは仕事がわかるようになりました」と若い頃のご自分を懐かしそうに笑っていた。

できなくても、わからなくても諦めなかった。

だからこそ今、第一線でバリバリ活躍されている。

そんな過去があるからこそ、「新人を長い目で見ることができる」とも話してくれた。


一流企業に就職した頭脳明晰なラガーマン。

仕事もドンドン覚えて立派な社会人のスタートをきった。

が、ラグビーで身についたものだって忘れない。


また、新入社員のラグ男の話。

ある時トイレから戻ると、先輩から「どこに行っていたんだ？」と言われた。

「そうか……席を外す時は一声かけなければいけないのか」と理解した。

頭に浮かんだイメージは監督室に呼ばれたシーン。「○○、監督室入りますっ！」

これは習慣だったはずなのに。

次は失敗しないぞ、と意気込み再度席を立った時。

疑いもなく大きな声で、「○○、くそ、行ってきますっ!!」と叫んだ。

フロアの空気が固まった。それはゴールキック前の静けさだった。

もちろんこれは、ルーティーンにはならなかった。

しかし、この一件から多くの方々に覚えられる大型新人となった。


この新入社員のラグ男。

高校の監督に言われるままに大学へ、就職も大学の監督が薦めるままに入社した。

大学時代はレギュラーには届かなかった。しかしチームの一員として汗を流すことを当たり前とし、気付かぬうちに大切なものを心に刻んでいた。

最初の配属は営業だった。

身体をはって酒を飲み、宴会芸を磨き、先輩にも可愛がられて成長していった。

学生時代はフランカー、突撃隊長。飛び込み営業だって苦にならない。

入社した時、自分の就職した業界のことはまったく知らなかった。

卒業して２０年、いまや営業のトップも見えてきた。

そして何より今、仕事が面白くて仕方がない。

ラグ男たちは総じて、努力を惜しまない人なんだろう。

数々の逸話はラグ男たちの宴会を大いに盛り上げるらしい。

さいごに

本書はラグビー村の〝村長〟である私、上野裕一が、「ラグビーをやってる人間がどんなやつらなのかを、ファン初心者の方に知ってもらいたい」との想いから、企画したものである。

私はラグビーにどっぷり浸かった「ラグ男」、正に究極の〝ラグビーバカ〟である。

ラグビー関係者は、自分のことを〝ラグビーバカ〟と公言する。

そんな〝ラグビーバカ〟を「ラグ男」と称し、その性格や特徴を紹介するのが本書「ラグ男」の狙いである。

例えば、野球で言うなら、投手は自己主張が強く、捕手は全体像を見られる人間が多いといった具合だ。

統計で割り出されるものではないが、競技をやっている人間にはわかる「ポジションごとの性格」や「種目ごとの性格」というものがある。

２０１５年のＷ杯以降、ラグビー関連本が数多く出版されるようになった。初心者向けのルール本もたくさん刊行された。

さらに突き詰めて、ファン初心者の方にもっともっとラグビーの魅力を知ってもらうにはどうすればよいのか。

最初にファンになる入り口は「興味」なのではないだろうか。

興味がなければルールを知ろうとすることも、本を手にとることもないだろう。

興味をもってもらうには、ラグビーを取り巻く人間がどんなやつらなのかを知ってもらうことが一番だという結論に達した。

しかし、私がラグビーを説明するには、ラグビーが当たり前のことになりすぎて、初心者にとってはラグビーのどこがわからないのかがわからない。

私がラグビーを語れば、本書の３０倍ほどの分厚さになっていたかもしれない。国語辞典ならぬラグビー辞典。コアなラグビーファンなら読んでもらえるかもしれないが、初心者には睡眠薬以外の何ものでもない。

そこで取材も執筆も「ラグビー素人」がすることで、その問題は解決するのではないかと考えた。

そして本書「ラグ男」の登場である。


スクラムのスの字も知らない数名の女子大生が、私の代わりに飛び回ることとなった。彼女たちは、恐れ多くもラグビー界の重鎮から、ラグビーを始めたばかりの子どものお母様方（ラグ母？）まで、あらゆる方々からお話しを伺った。

不躾な質問や失礼もあったかもしれない。いや、あっただろう。

紳士たる「ラグ男」の心の広さに甘え、どうかお許しいただきたい。


彼らは皆、懇切丁寧にラグビーを語ってくれたそうだ。

下調べも十分でない質問に応じてくれたのは、ひとえにラグビー発展のため。ラグビーを観にきてくれる人がひとりでも増えることを願ってのことだろう。

聞くところでは、３０分の取材申込であったのに2時間もつきあって下さった方もいらしたそうだ。この場を借りて心から御礼申し上げる。

貴重な時間を割いていただいたお陰で、完成した原稿はファン初心者のみならず、すでにラグ男の諸君にも楽しんでいただけるような内容となった。

取材に走り回った彼女たちも、すっかりラグ男にはまったようだ。取材の合間に、三週連続で秩父宮に通い、ラグビー専門のテレビサイトも契約し欠かさず観てしまうようになったそうだ。

ラグビーへの興味を0から1にするのは難しいが、1あればその後はどんどん増えていくだろう。その興味はあふれるように……。

この本を読んでラグビーに興味を持っていただけたら、次は私の拙著『ラグビー観戦メゾット - 3つの遊びでスッキリわかる』を片手にラグビーを観に行ってほしい。

こんなチャッカリな宣伝をしてしまうのは、ナルシストな10番だったから？　とツッコミが入った。

スーパーなプレーヤーでなかった私にも、ラグ男のポジションキャラはしみついているのか。

司令塔として本書に関わらせていただいた次第であるが、皆さんが笑いながら読み進めて下さることを祈ってやまない。

上野　裕一

SPECIAL THANKS

◯取材にご協力いただいた方々（敬称略・順不同）

堀江翔太／山田章仁／稲垣啓太／児玉健太郎／荒木香織／中竹竜二／浅見敬子／中村知春／田村　誠／徳増治司／山本　巧／大村武則／内山達二／渡瀬裕司／慶應義塾體育會蹴球部／チャールズ・ロー／山田睦雄／風見順一／山賀敦之／木村季由／吉岡　肇／飯原雅和／小池太郎／奥田勝雅／ラグビーを愛する（しすぎる）たくさんの方々

監修

上野裕一（うえの ゆういち）医学博士

1961年山梨県生まれ。1980年山梨県立日川高校卒業。1984年日本体育大学卒業、1986年日本体育大学大学院修士課程修了。日本体育大学助手、ニュージーランド・オタゴ大学の客員研究員を経て、1990年流通経済大学講師、同大ラグビー部監督（2005年にCEO）に就任。1993年同大学助教授、1999年同大学教授、2009年同大学スポーツ健康科学部学部長、2012年同大学長補佐（2015年3月退任、6月に再任）、2013年弘前大学大学院医学研究科修了。

2013年公益財団法人日本ラグビーフットボール協会・2019ラグビーワールドカップ委員会委員長、2013年アジアラグビーフットボール協会執行理事、2014年2019ラグビーワールドカップ組織委員会理事、2015年一般社団法人ジャパンエスアール（JSRA＝ジャパンスーパーラグビーアソシエーション）業務執行理事。

主な著書に『日体大Vシリーズ・ラグビーフットボール』『ラグビーを観に行こう！』『ラグビーのちから』（編著）『ラグビーが育てるかしこいからだ』（小松佳代子共著）『楕円の学び』（小松佳代子共著）『ラグビー観戦メソッド』などがある。

ラグ男《お》

発行　2016年3月25日　初版第1刷

監　修　上野 裕一
発行人　伊藤 太文
発行元　株式会社 叢文社
東京都文京区関口1—47—12 江戸川橋ビル
電　話　03（3513）5285（代）
http://www.soubunsha.co.jp

編　　集　佐藤 公美
取材・執筆　清水真希／佐藤希美／伊藤ユミコ
イラスト　大塚 洋一郎

印刷・製本　モリモト印刷

定価はカバーに表示してあります。
乱丁・落丁についてはお取り替えいたします。

ISBN978-4-7947-0759-8